大人の美肌学習帳

一週間であなたの肌は変わります

石井美保

KODANSHA

いま、肌に悩む
すべての方へ

これまで、のべ１５００名以上の方の肌悩みにこたえてきました。
サロンにカウンセリングにくる方の第一声は、皆さん同じ。
〝いろいろやっているのに肌が変わらない〟
何を隠そう私自身も、同じ悩みを抱え、ケアするほどに症状が
悪化するという負のスパイラルにはまったことがありました。
考えうるすべてのケアを試した末、洗顔方法を変えたところから、
肌の調子がどんどん上向きになっていったのです。
そして、サロンにくるお客様の肌も、同じ方法で改善。
すると、どの人もポジティブになり、どんどん笑顔が増えて
表情まで美しく。大げさに思われるかもしれませんが、
人生まで変わっていく様子を目の当たりにしてきました。
このメソッドはきっと、日々私のＳＮＳへたくさん寄せられる
ご相談の答えにもなるはず。
もっと多くの方のお力になりたい。
そう思って、この一冊にまとめました。
手遅れということはありません。さぁ、一緒に始めましょう。

石井美保

「20代、肌をほめられたことは一度もありませんでした。私の肌は43歳のいまが一番キレイです」

肌に自信がなくて
写真が嫌いでした

数少ない過去の写真のひとつ。30歳頃は自信がなく、撮られるのが苦手でした。肌が乾燥してツヤがなく、くすみにも悩んでいました。

＼今より老けてる 4年前／

美容誌の取材が増え始めた頃。まだ、ケア法が確立しておらず、乾燥やくすみを克服できていないため、メイクは厚め。

カピカピ乾燥肌

毛穴パカーン

よく〝若い頃の写真、見せてください！〟と言われます。
でも、本当に2、3枚しかないんです。
なぜなら、まわりの友達とくらべて色黒な自分の肌に、自信がなかったから。
写真がイヤで、カメラを向けられたら、そっとフレームアウト。
当然、ファンデーションも厚塗りしてカバーしまくり、
そのぶん、落とすときは洗浄力の高いものでゴシゴシと。
すると、20代後半には毛穴が開いて、くすみもひどく、乾燥でカピカピに。
一段と自分の肌も写真も嫌いになりました。
そんな20代の終わりに、美容好きが高じてまつげエクステのサロンをオープン。
お客様に至近距離で接する仕事ですし、追求型＆凝り性の性格ともあいまって、
自分の肌を改善することが人生のミッションに。長い試行錯誤が始まりました。
その結果、薄づきファンデでもOKな肌になり、
お客様から肌をほめられることも増え、
自分の写真をSNSに投稿できるまでになったのです。
今、私は自分の肌をとても愛しく思っています。

くすみ色ムラ

「洗顔を変えたら
一週間で劇的に
変わりました」

うるおい肌に
毛穴つるん
くすみが消えた!

私の肌が改善したきっかけは、洗顔とクレンジングでした。
ちょうどまつげエクステサロンの開設にあたり、
私自身もまつげエクステをつけ始めたため、
洗浄力の高いオイルクレンジングをやめたのです。
さらに、エクステが取れないようにそーっとそーっと洗うようにしたら、
急激に肌が乾きにくくなり、くすみも改善。
毛穴も目立ちにくくなるなど、たった一週間で効果を感じたんです。
そこから、洗い方の研究を重ね、肌をこすらずメイクをオフし、
泡をモフモフ押すように洗う、今の摩擦ゼロ洗顔にたどりつきました。
私のサロンにいらっしゃるお客様にも必ず実践していただきますが、
皆さん私と同じように、一週間で肌の変化を実感されています！

「何歳からでも肌はキレイになれる。まずは一週間、トライしてみてください」

私のカウンセリングには、いろいろな方がいらっしゃいます。
吹き出物や毛穴の黒ずみに深刻に悩む20代前半の方から、
複数の肌悩みが併発して、何をすればいいか迷宮入りしてしまった50代の方まで。
美容好きな方もいますが、そうではなく、ただ困っていて、という方もたくさん。
世代も美容傾向もさまざまですが、皆さん、吹き出物ができづらくなったり、
毛穴が目立たなくなったり、たるみやシワなどのエイジングサインが改善したりと、
肌悩みを克服されて、どんどん肌の調子が上向きになっています。
だから、まずは一週間。騙されたと思って、ぜひ。

contents.

第3章 お悩み別スキンケア

サロンは予約困難
講演会は満員御礼!

美容家であり、サロンを主宰する石井美保さんのお仕事の一部を覗き見。
その美肌っぷりと明快な指導に、出会う人みんなが虜になっています!

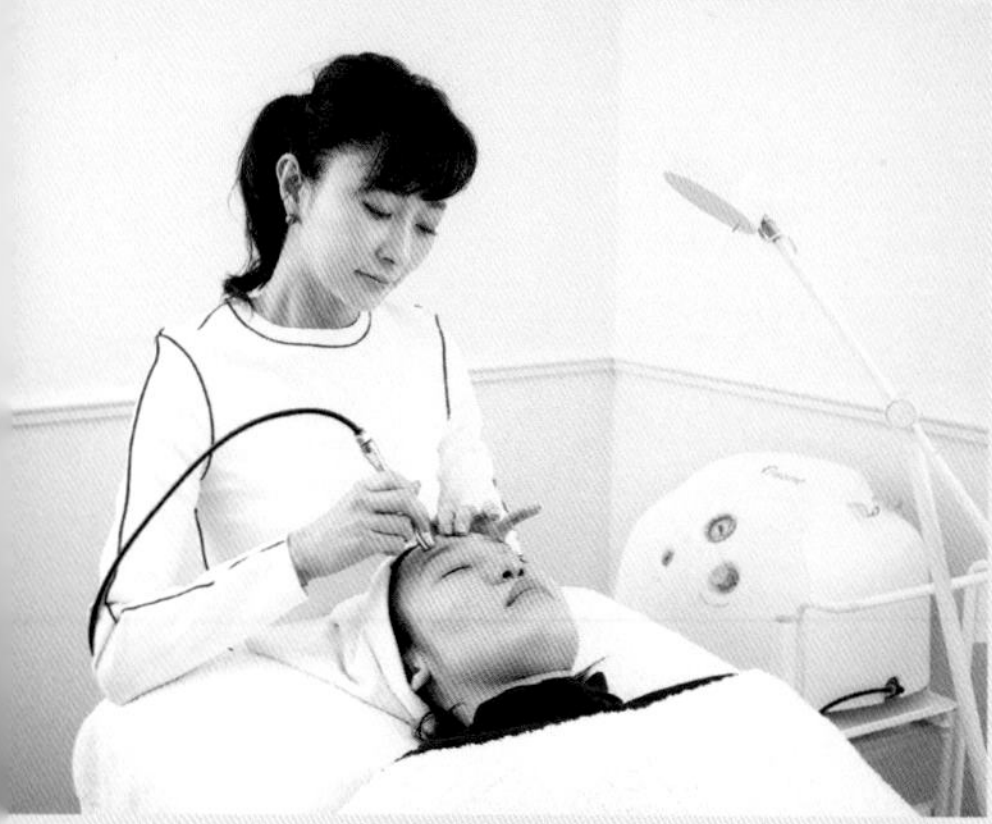

その技術の確かさで「石井美保指名」は予約が取れない人気メニューに

石井さんが主宰するサロン『Riche』で、自ら担当するのが「美肌コンサルティング」。ひとりひとりとじっくり向き合う人気メニューは、なんと新規の予約、2年待ち!

SALON DATA

Riche（リッシュ）
㊟東京都港区麻布十番3-3-8 1F
☎03-3455-8298
http://riche.tokyo

雑誌でもひっぱりだこ! 連載にも熱い支持が

女性誌からのオファーが絶えず、連日撮影ということも。実際に読者にケア指南をする『VOCE』の連載「人生が変わる美肌塾」は、その肌改善度の高さにSNSでも大反響!

やるたびにファンが増えていくスキンケア講演会

読者向けイベントや、百貨店の美容部員向けの講演会などで美容法を伝授。イベントは満員御礼、美貌と説得力ある言葉、気さくな性格で、回を重ねるごとにファンが増加。

石井式なら、こうなれる！美肌証言集

石井さんの美肌カウンセリングを受けた顧客の方、雑誌の企画で直接指導をうけた方のリアルな声がこちら。皆さん、美肌を育てています！

「ファンデのノリが悪く、肌測定でハリの値、ゼロからスタート。でも、摩擦ゼロ洗顔で劇的に変わって**ほうれい線が目立たなくなり**、メイク直しが不要になりました。」

派遣社員・武政瑠さん（43歳）

AFTER

BEFORE

※スキンケア指導に加え、メイクレッスンも受けた方です。

「石井式メソッドは**即効性がすごい！**洗い方を変えただけで、毛穴が小さくなり、あごまわりの吹き出物も劇的に改善。」

保育士・森友夕貴さん（29歳）

「みるみる肌質が変わって、ツヤツヤに。ザラつきもなくなり、**メイクくずれも激減**し、あまりの変化に友達にケアを真似されてます。」

モデル・齊藤彩さん（31歳）

AFTER

BEFORE

「毛穴や目まわりの影はメイクで隠せばいいと思っていたけど、ていねいなスキンケアでカバー不要になるほど**肌は本当に変わるんだ、**と感動してます。」

会社員・福本はるなさん（30歳）

実は美肌になったのは30代からだった

石井美保の肌ヒストリー

20代前半

肌に強いコンプレックスがあり、メイクでカバーしまくる日々

もともと日焼けしやすかったのもあり、真っ黒。毛穴が目立ちだし、頬には太《おお》田《た》母《ぼ》斑《はん》（青アザ）も。コンシーラーやファンデを厚く塗って隠す日々。

20代後半

こすらないように洗ったら、肌の調子が上向きになりはじめた！

強くこするクレンジングのせいで、くすみと毛穴が目立つ極度の乾燥肌に。ところが洗い方を変えた途端、みるみる肌が改善。スキンケアを極めることを決意する。

30代初め

毛穴レスと呼ばれる肌に。ただし、乾燥悩みは解決せず

こすらないケアと毛穴専用コスメを根気よく続けて毛穴問題は改善。強いマッサージはたるみのもとと気づき、肌アイロン（P86～89）を始めたのもこの頃。

30代後半

インナーケア改革で内からうるおった肌へと変化

自分で納得できる泡クレンジングが完成。それまで避けていたお肉を食べ、良質なオイルや水分も積極的に摂るようにしたところ、乾燥が和らぎ、たるみも改善。

40代突入

自分史上、もっともキレイな肌を日々、更新中

5日間の肌断食（P108）を実行して、乾燥肌を克服。10年以上続ける肌アイロンにより、くすみやたるみを蓄積させないことで、以前より若々しい肌をキープ。

序章

MIHO ISHII
SKIN CARE METHOD

石井式スキンケアメソッドとは

石井式は徹底して
こすらない
メソッドです

こすらない＝美肌の法則

洗うとき。すすぐとき。タオルでふくとき。
スキンケアを馴染ませるとき。日焼け止めを塗るとき。
私たちはお手入れをするとき、無意識に肌をこすっています。
でもこすることで肌は刺激を感じて炎症を起こし、
シミ、シワ、たるみなどのエイジングサインが現れます。
また、刺激から守ろうとして肌が必要以上に分厚く硬くなる
ことで、乾燥が進んでくすみ、毛穴まで目立つことに。
つまり、肌トラブルの根源は〝摩擦〟なのです。
こすることさえやめれば、肌はどんどん美しくなります。
だから、私のメソッドは徹底的にこすりません。
植物でもお料理でもなんでも、
やさしく扱えば、上手に育つし、雑に扱ったら、雑に仕上がる。
肌も同じで、やさしく触れれば、きちんと応えてくれて、
心までやさしく癒やしてくれるような存在になるのです。

日焼け止めでも

保湿でも

クレンジング・洗顔でも

おすすめは朝。まずは週1から始めてみて!

全工程で20分
これが「石井式メソッド」の全貌です

もちろん朝晩20分取り組めればベストですが、なかなか難しいのも現実。石井式の場合、優先するのは断然、朝。日中に乾きにくくなり、メイクくずれも軽減。肌の調子がよくなり、夜のケアを簡単にすませても平気なほど、強い肌になります。

START!

0 min.

3 min.

洗顔（夜はクレンジングも）

P30へ

ローション

P54へ

Special Care!

角質ケア

P42へ

炭酸コスメ

P58へ

乾燥悩みも吹き出物も実はここが要です！

石井式メソッドにおいて、もっとも重要なステップ。ここで肌をこすってしまうと乾燥スパイラルに陥って、毛穴が目立ち吹き出物が出現。〝摩擦ゼロ洗顔〟を、ぜひマスターして。

乾燥がひどい人ほど、ぜひ。うるおいの入る柔らかな肌に

ゴワゴワしていたり、ザラついている肌には不要な角質が溜まっていて、うるおいが中に入っていかない状態。専用の角質ケアでリセットを。

コスメの効きが悪いなら、代謝を高める炭酸パワーを

代謝が悪いとくすむだけではなく、せっかくの美容成分が行き届かず、効果が発揮されません。炭酸コスメを洗顔後に塗るだけでOK!

お手入れの土台づくり。しつこく入れ込みます

キメが整い透明感が増すだけではなく、肌の中が水分で満たされることで、続くコスメの浸透をよくする効果が。これ以上入らないという状態になるまで、たっぷりと入れ込んで。

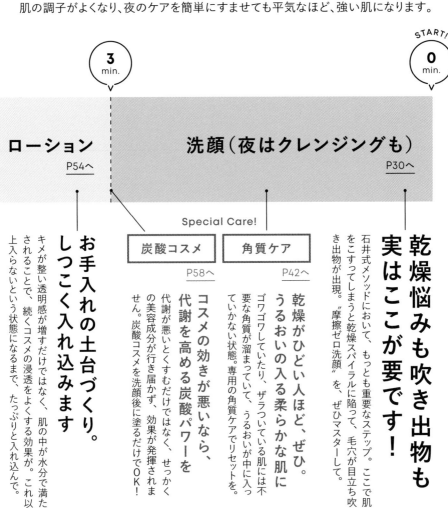

7 min.

9 min.

14 min.

19 min.

FINISH!
20 min.

美容液
P78へ

乳液
P60へ

クリーム
P64へ

日焼け止め
P68へ

毛穴、シワ・たるみetc. お悩み対策はここで

化粧水や乳液、クリームとは違い、マストではありませんが、もし肌にお悩みがあるなら、プラスするとベター。まずは基本の洗顔法と保湿を続けて、まだ残る悩みに対応するものを。

肌の水分・油分バランスを整える〝省いてはいけない〟工程

「ベタつきそう」などの理由から省かれがちですが、肌のうるおいに欠かせない水分と油分のバランスをベストに整えるのが乳液。肌アイロン（p86〜89）の時間も含めて5分間。

実は朝こそ必要です

うるおいを逃さないためのフタの役割に加えて、乾燥や紫外線、大気汚染などさまざまなダメージにさらされる日中の肌を守ります。朝こそ、たっぷりと使うのが石井式。

ここまでがスキンケア

肌の老化を進めるいちばんの要因が紫外線。だから紫外線対策はエイジングケアの要です。毎日浴びるだけに、必須のケア。スタンプ塗りで均一になじませ、しっかりガードして。

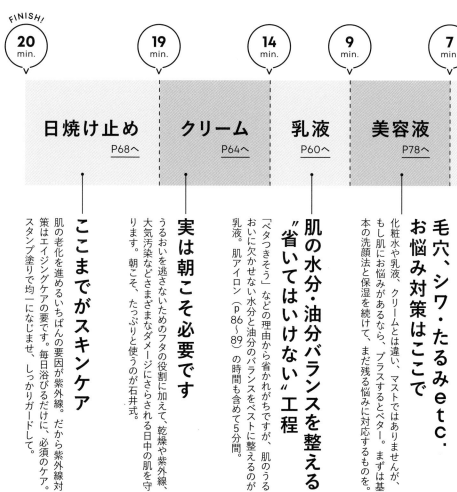

石井式の主役は 薬指と小指です

石井式＝こすらないメソッド。
指でくるくるしたり、手を横にすべらせたりせず、
手のひら全体を使ってハンドプレスが基本です。
細かい部分は指でプレスしていきますが、
このとき使うのが、力が入りにくい薬指と小指。
肌をリフトし、シワをのばす肌アイロン(P86〜89参照)でも
メインで使うのは、圧が弱い薬指と小指です。

細かい部分になじませるとき＆
肌アイロンは、この2本で！

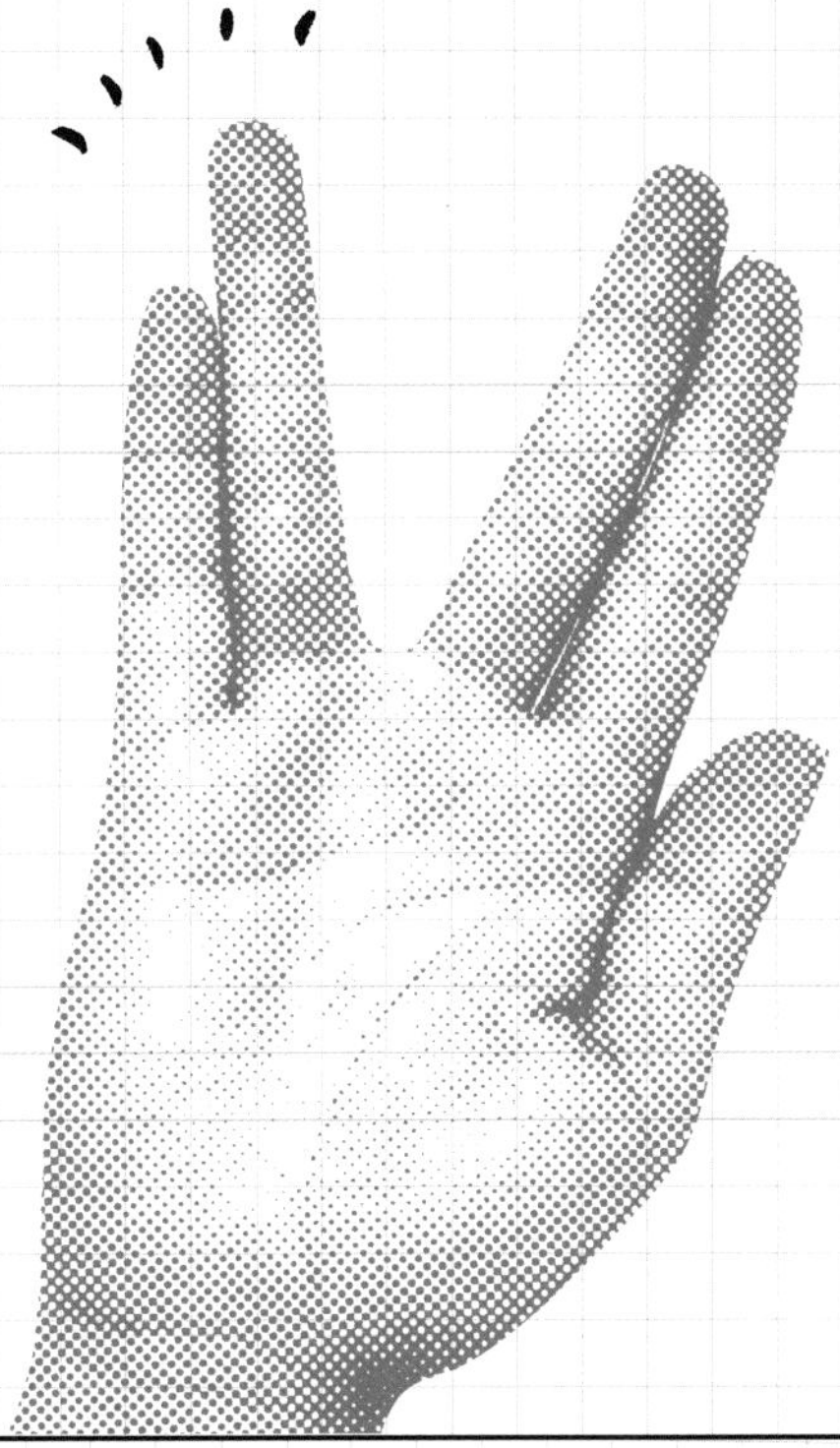

第1章

MIHO ISHII
SKIN CARE METHOD

まず一週間、石井式〝摩擦ゼロ洗顔〟を始めましょう

美肌は〝洗い方〟が8割

洗顔・クレンジングを見直すだけで乾燥肌や吹き出物、くすみやたるみ、多くの悩みが解決します

サロンでのカウンセリングなどを通して、多くの方の肌に触れてきましたが、
無意識に肌をゴシゴシこするなど、ほぼ全員が洗い方を間違っています！
間違った洗い方を続けていると、肌は刺激から守ろうとして硬くなるため、
毛穴は開いたまま閉じることができず、どんどん目立つようになります。
さらに「こする」という刺激によって、肌が弱り炎症が起きることで
赤みや吹き出物が出現しやすくなり、くすみやたるみまで誘発。
だからこそ、まず洗い方を見直してほしい。
こすらず洗えば、赤みや吹き出物が改善し、毛穴も目立たなくなるのです！

＼ みんなこんなにこすっている！ ／

洗顔・クレンジングの摩擦ポイント

NG!!!!

量不足、泡立て不足

こすり落とす

ついでにマッサージ

熱いシャワーで流す

泡を手でぬぐい取る

使い古しのタオルでゴシゴシふく

こすり続けると……

摩擦によって炎症が起こり、肌が弱って乾燥が激化。毛穴目立ち、くすみ、シワ、たるみなどのトラブルも発生。スキンケアも効きづらくなります！

泡のクッションがないと、
直接、手で肌をこすることに

メイクや汚れを落とそうと
速く強くこするのは強い刺激に

クレンジング剤を肌に1分以上のせると
成分が刺激になり、うるおいも逃げます！

お湯が肌のうるおいを奪い乾燥肌に。
シャワーの水圧も刺激が強い！

すすぎ残した泡を手でぬぐうと、
摩擦が起きるし、洗浄成分が残ります

ゴワゴワのタオルは、刺激に。
ふく動作も摩擦になりえます

STEP 1

洗顔

たっぷり泡でこすらず洗う

STEP 2

クレンジング

メイクの濃さに合ったクレンジング剤を選ぶ

STEP 3

30回以上すすぐ、こすらずふく

これだけで肌は改善します

石井式で洗うと……

乾かなくなる

必要以上にうるおいを奪わないので、肌がつっぱらなくなります。こすらないことでキメが整い、肌が水分保持力を取り戻します。

毛穴が目立たなくなる

肌が柔らかくなり、毛穴に詰まっていた皮脂や角栓が取れやすい状態に。また、開いていた毛穴が閉じるようになり、目立ちにくく。

吹き出物が改善

摩擦が刺激になって起きていた炎症がおさまっていくため、吹き出物が改善。また、肌自体がタフになり、あれにくくなるメリットも。

色ムラが改善

刺激によって炎症が起こると、シミやくすみの原因となるメラニンの生成が促されます。こすらず洗うことで、その流れがストップ！　肌の生まれ変わりもスムーズになるので、肌色が均一に整います。

たるみが改善

炎症は、肌の奥にあるコラーゲンなど、ハリや弾力を司る部分にもダメージを与えます。正しい洗い方で、ハリや弾力を保てるように。

ツヤが出る

肌をこすることで乱れていたキメが整い、光を上手に反射できる肌に。乾燥肌も改善し、皮脂が正常に分泌されツヤが出ます。

一週間で変われる

騙されたと思って、まず一週間続けてください。〝摩擦ゼロ洗顔〟を試した方全員が、一週間で肌が上向きになるのを実感されています！

摩｜擦｜ゼ｜ロ｜洗｜顔

「基本の洗顔」編

まずは、石井式メソッドの要、〝洗い方〟から。
朝洗顔とクレンジング後に洗顔するとき、
泡を転がさず「押す」だけで肌はみるみる変わります！

1

目安は
ピンポン玉
3コ分

泡を手のひらに
たっぷりととる！
濃密でへたらない泡が◎

2

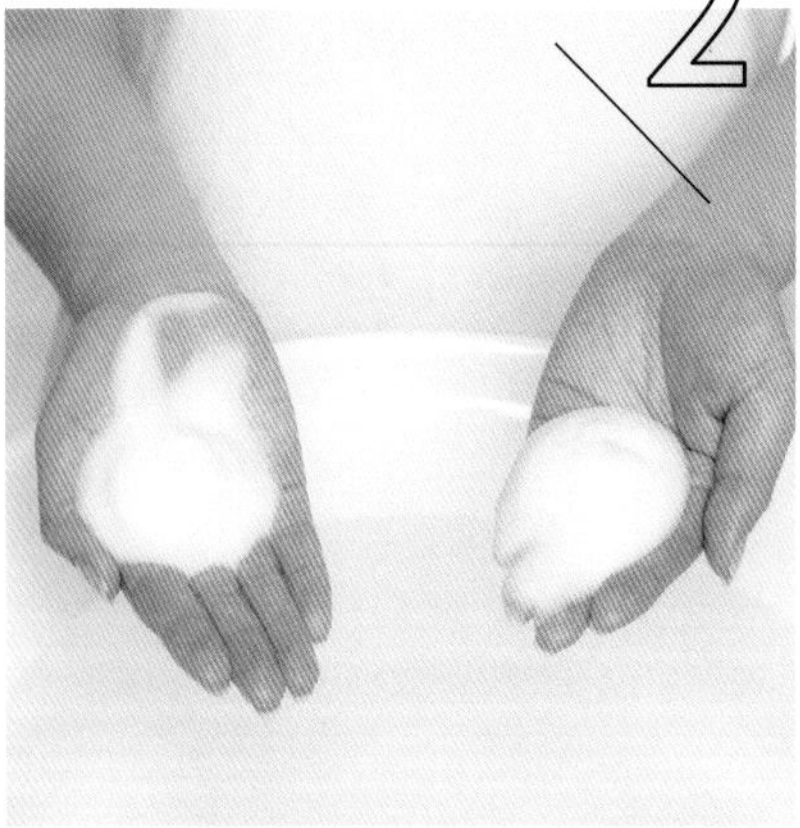

泡を2等分して
両手に半量ずつのせれば
スタンバイOK

※石井式では、摩擦を極力避けるため、メーカーが表示する適量よりも多めの使用を推奨しています。
※ダブル洗顔不要のクレンジング剤もあります。お使いのクレンジング剤の説明書をご確認ください。

モフモフ押し洗い

顔全体に泡をのせたら、手で泡を垂直に押して洗います。
泡の圧で毛穴やキメの間に入った汚れを押し出すようなイメージで、
モフモフと押す動きを繰り返しましょう。
手を横にすべらせたり、くるくるする動きは、絶対にNG です！

3

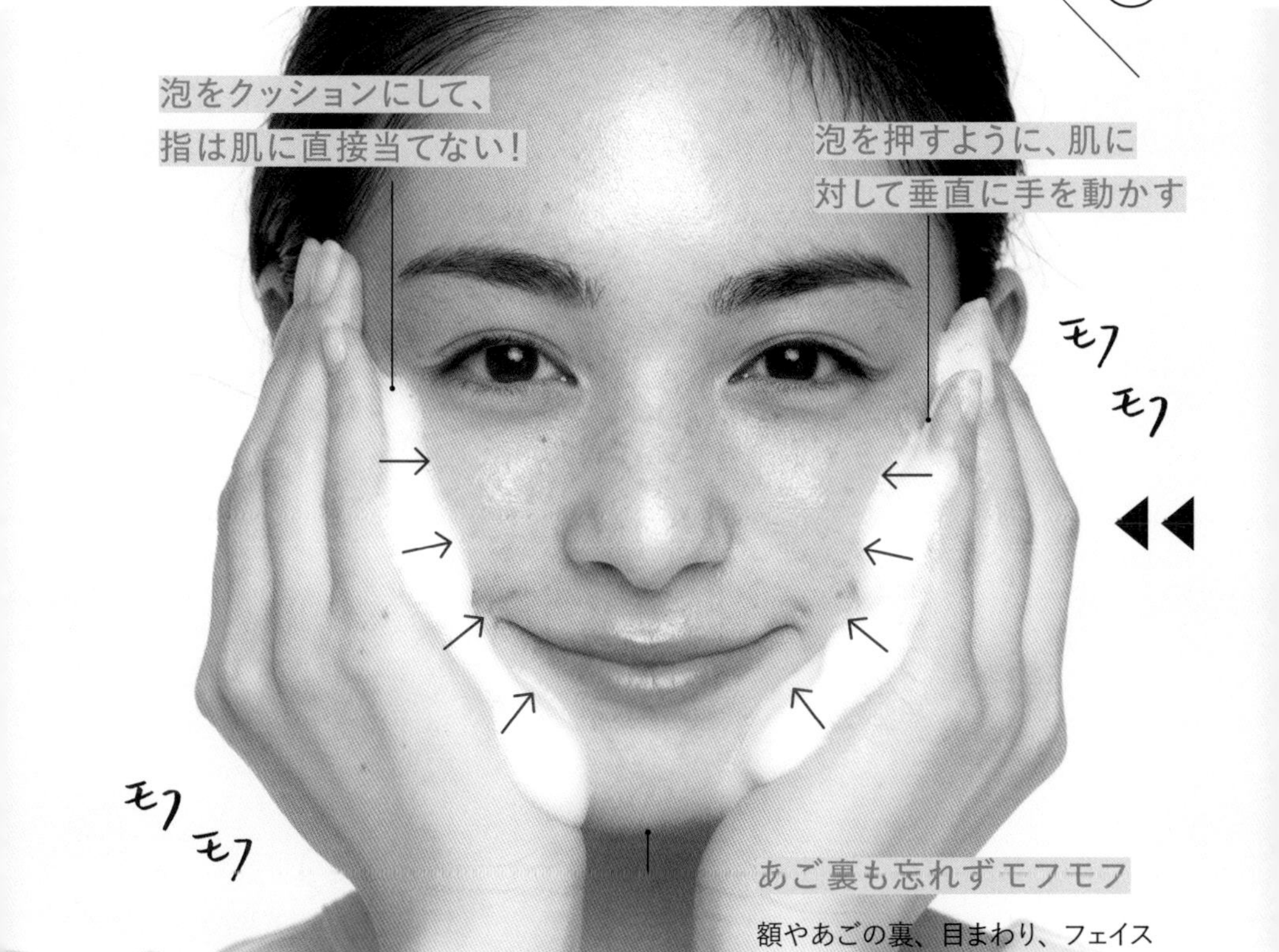

泡をクッションにして、
指は肌に直接当てない！
泡を押すように、肌に
対して垂直に手を動かす

あご裏も忘れずモフモフ

額やあごの裏、目まわり、フェイスラインにも泡をのせて、肌に対して垂直にモフモフと押し洗いを。どのパーツもくるくるしないこと。

額・あご裏・
目まわりも
押すだけ！

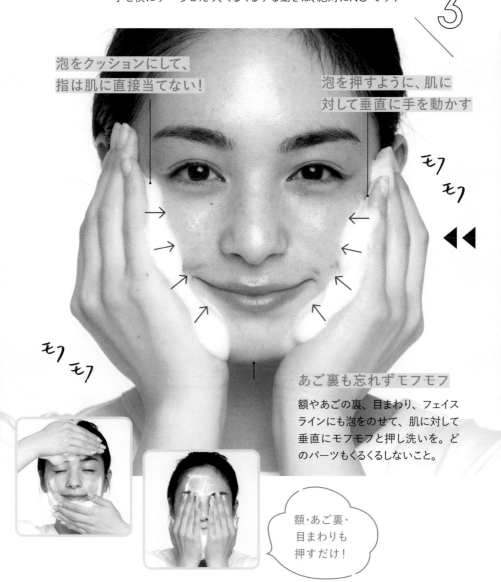

foam type

摩擦ゼロ洗顔には
泡タイプがおすすめです

摩擦を防ぐには手と肌の〝緩衝材〟となる泡がマスト。
密度が高くクッション性が高い泡が理想です。
また、あと肌がしっとりとすることも、大切な条件。
最初から濃密な泡で出てくるタイプが便利ですが、
泡立てネットなどでモコモコの泡をつくってもOK。

泡がつくりやすい洗顔料

「しっとりふわふわの泡はクレイ入り。こすらず汚れを吸着できます」リサージ クリーミィソープα 125g ¥3500／カネボウ化粧品

泡で出てくるタイプ

「クリーミィな泡で肌にやさしいのに、きちんと汚れが落ちてくすみもケア」リセット ウォッシュ 200ml ¥3000／アクセーヌ

泡で出てくるタイプ

「弾力ある泡質が◎」プレディア プティメール フリー ＆ マイルド ミネラル フォーミング ウォッシュ 200ml ¥1800／コーセー

洗顔Q&A

Q 朝も洗顔料で洗ったほうがいいですか？

A はい。朝のスキンケアの浸透を促すために、肌上の〝油膜〟を洗い流すことをおすすめします。

朝の肌は、夜のスキンケアの残りと、寝ている間に分泌されて酸化した皮脂が混ざって、表面に油膜が張られている状態です。水だけでは、この油膜を落としきることができません。化粧水などが肌の中に入りづらくなってしまうので、私は朝も洗顔料を使います。

Q 敏感肌なので洗いすぎが心配です

A 汚れが残ったままではかえって刺激に。優しく洗いましょう。

〝肌あれがさらに悪化しそう〟という理由で、水だけで洗う方も多いのですが、肌の上に酸化した皮脂や汚れ、大気汚染物質などが残り、それが刺激になって、かえって肌あれが悪化しがちです。そのため、刺激を与えないように泡で〝押し洗い〟することをおすすめします。ただし、赤みやかゆみがひどい場合は、スキンケアでの解決は難しいため、皮膚科に相談してみてください。

Q たっぷりの泡で洗っているつもりですが……

A もう一度、自分の洗い方と見比べてください。意外とこすっているものです。

皆さん、〝たっぷりの泡で洗ってます〟とおっしゃいます。確かに泡立ては上手なのですが、洗う際に指を横にすべらせたり、くるくるとこすっている人が多い。泡を転がさずに押す〝押し洗い〟を徹底してみてください。赤みがあるなら、すすぎ方も見直しましょう。

摩｜擦｜ゼ｜ロ｜洗｜顔

「クレンジング」編

メイクをする限り、毎日、必要なのがクレンジング。
洗顔と同じく、肌をこすってしまう可能性が高いだけに、
アイテムの選び方から洗い方まで、見直しが必要です。

自分のメイクの濃さに合ったクレンジングを選ぶこと

カウンセリングなどで皆さんの肌をみていると、ナチュラル系や薄づきのメイクアイテムを使っているにもかかわらず、洗浄力の高いクレンジングオイルで落としている人が多い。これでは肌に必要な油分まで奪われ、乾燥を悪化させる一因になってしまいます。また、落ちにくいファンデーションを使っているのに、肌へのやさしさを優先したクレンジングミルクで落とす人も。結果、メイク汚れを落としきれず、毛穴目立ちや吹き出物などの原因になります。まずは、あなたにとって正しいクレンジング剤を選ぶことが、美肌への近道なのです。

ファンデーションを
きちんと落とせて
いない人が
とても多いんです！

自分に合うクレンジング剤の見極め方

落ちにくいファンデーション を使っている

※落ちにくいファンデーションとは

〝ロングラスティング〟〝ウォータープルーフ〟〝皮脂・汗に強い〟といったことを謳っているものや、カバー力の高いものは、落ちにくいファンデーションと認識して。

YES!

☑ オイルクレンジング

oil

「しっかり落ちるのに、うるおいは残る、洗い上がりのバランスが絶妙」THREE クレンジングオイル 185ml ￥4500／THREE

NO!

☑ ミルククレンジング
☑ フォームクレンジング

foam

milk

B

A

A「メイクがするんと落ちてあと肌はうるうる」トリートメント クレンジング ミルク 200g ￥3000／カバーマーク　**B**肌への負担と洗浄力を考えて石井さんが開発した泡クレンジング。ダブル洗顔不要。パーフェクショネール クレンジングフォーム 150ml ￥4280／エール

バームやジェルは使い方に気をつけて！

洗浄力の高いバームや温感ジェルなど、今、クレンジング剤は多種多様。一概に「バームだから○○」「ジェルだから△△」とは言い切れませんが、中には硬くてのびが悪かったり、メイクとなじむのに時間がかかるものも。摩擦の原因になるため、そういうタイプは避け、軟らかくてメイクなじみがよく、きちんとうるおいが残るものを選びましょう。

毎日のメイクには
フォームかミルクを選べば
間違いない！

〝毎日のこと〟と考えると、肌への負担が少ない泡で出るフォームタイプか
ミルクタイプがベター。石井さんは主に、
このどちらかで落とせるファンデとメイクアイテムを使っています。

〝適量〟とはこのくらいです

メイクを落とすときに大切なのが、クレンジング剤の量。
手と肌が直接触れるのを避け、摩擦を防ぐためのクッション役を
担うためにも、〝多い？〟と思うぐらいたっぷり使うのが正解です。

洗い方は
P31と同じ

foam

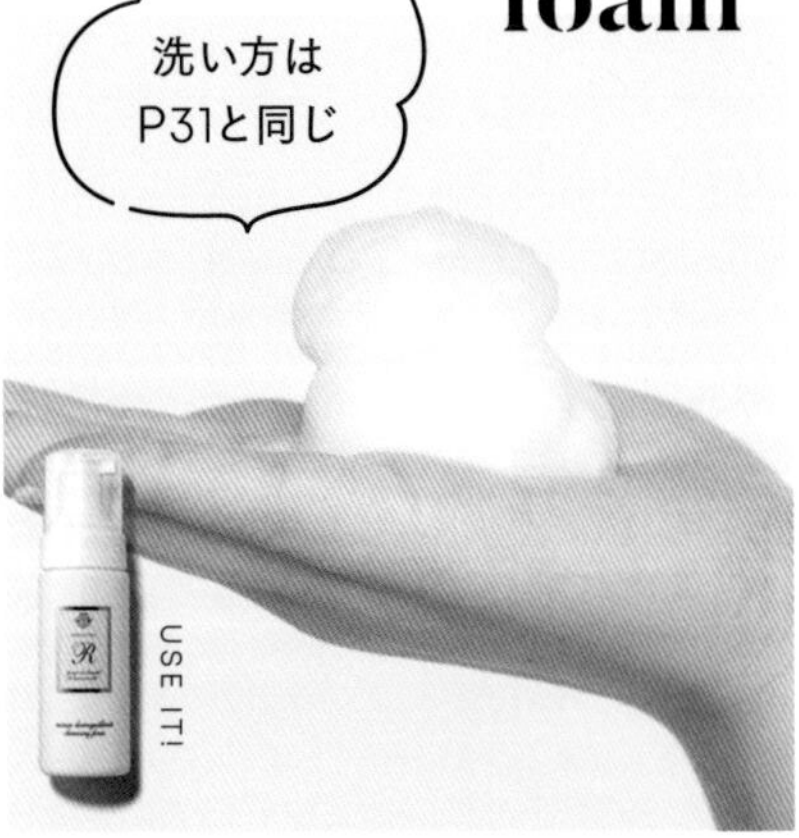

milk

フォームタイプは
5〜6プッシュを目安に

ミルクタイプと同じく、手と肌が直接、触れないことが大切。泡でメイクを吸い取れるように、全顔にある程度の厚みをもって広げられる量が必要。ピンポン玉3コ分ぐらいを目安にたっぷりの泡を用意して。

ミルクタイプは
500円玉大より多い量を

手と肌の間に常にミルクがあって、指が直接、肌に触れることなく、スルスルとすべるような状態が正解。ポンプタイプなら3〜4プッシュ、500円玉大よりふたまわりほど大きいサイズを目安にたっぷりと。

※石井式では、摩擦を極力避けるため、メーカーが表示する適量よりも多めの使用を推奨しています。

他人の クレンジングは「赤ちゃんの頭をゆっくりなでる」やさしさで！

しっかり落としたいからといって、ゴシゴシこするのはNG。
お友達の生まれたての赤ちゃんの、まだふわふわの頭をなでるように、
やさしくやさしく、そしてゆっくりと指を動かしてなじませましょう！

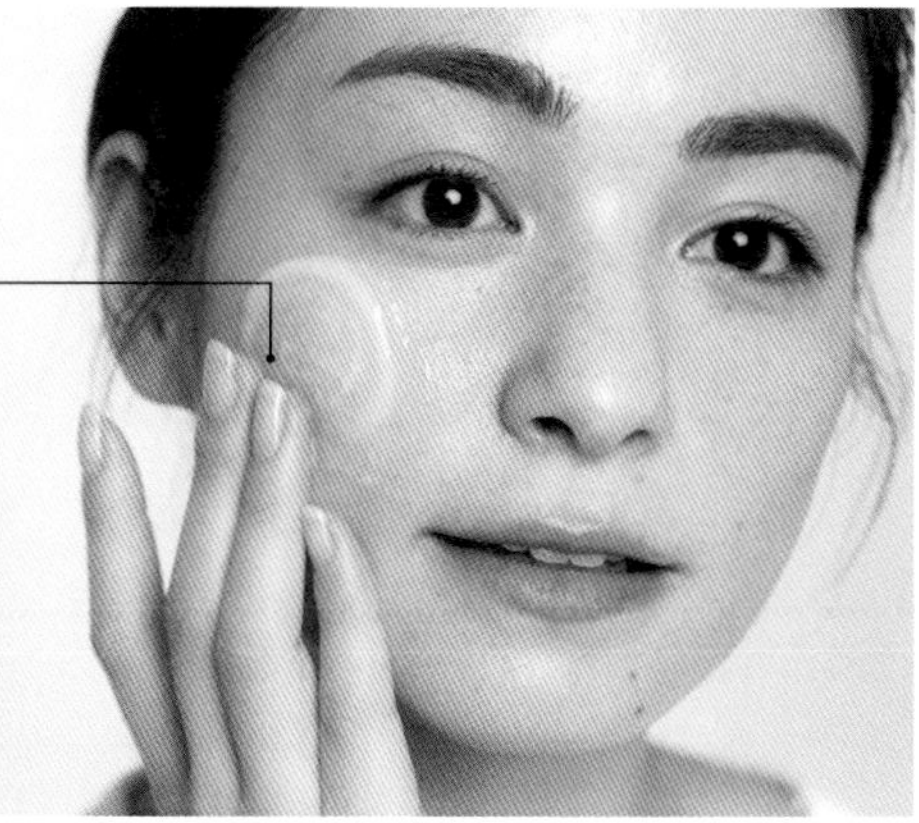

指で肌を直接こすらないように

クレンジング剤は、指に力を入れずになじませて。常に肌との間にクレンジング剤を感じながら、指をゆっくりやさしく、大きく動かす。

狭いところは薬指で

あごまわりや小鼻などは薬指でていねいに。ザラつきやすい箇所で、つい力が入りがちだが、やさしくくるくる！

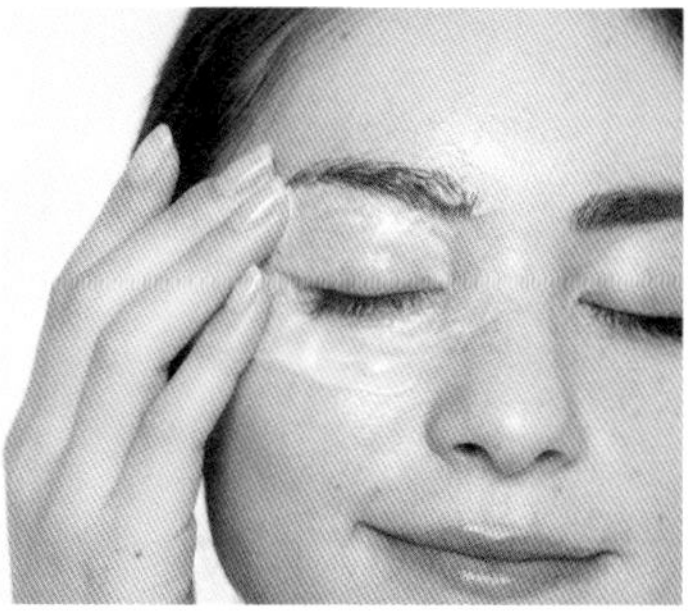

目まわりは特にゆっくり

肌が薄い目元は薬指と小指で。目頭の上からゆっくり一周し、ひと呼吸おいてメイクが浮くのを待つ。

「ミルクがメイクとなじんだら」はどう見極める？

メイクはきちんと落としつつ、肌への負担は最小限に。そのためには、
メイクなじみが早いものを選び、なじんだらすぐにすすぐのが正解です。
クレンジング剤をのせてから乳化まで、30秒程度を目安に。

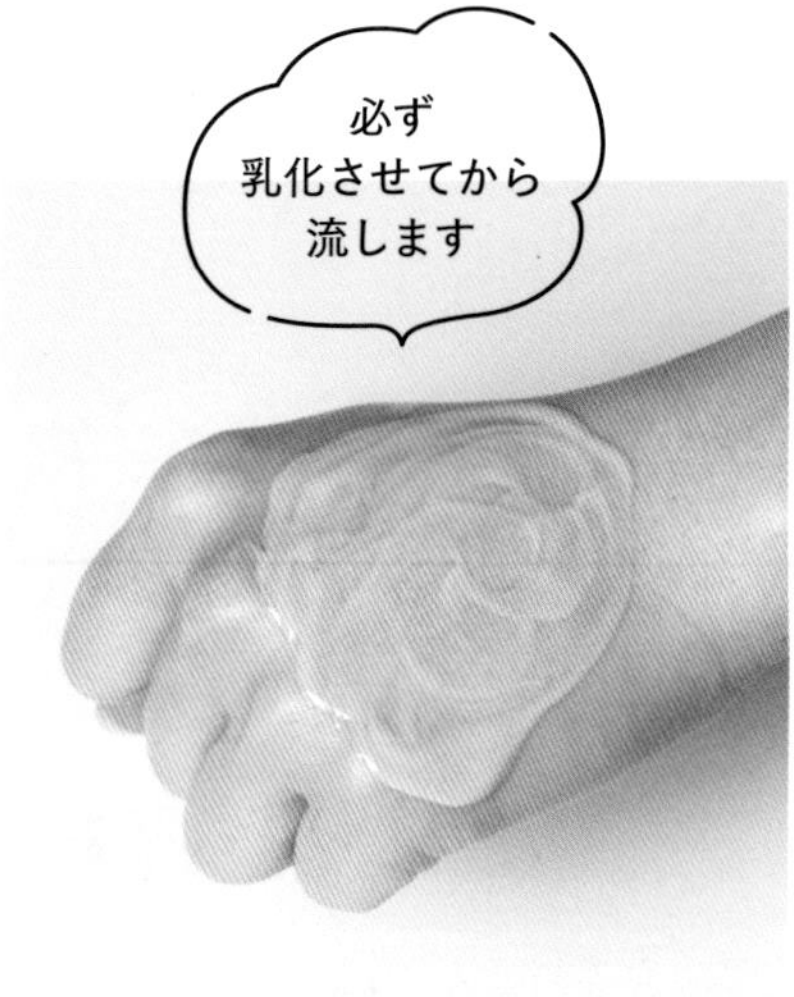

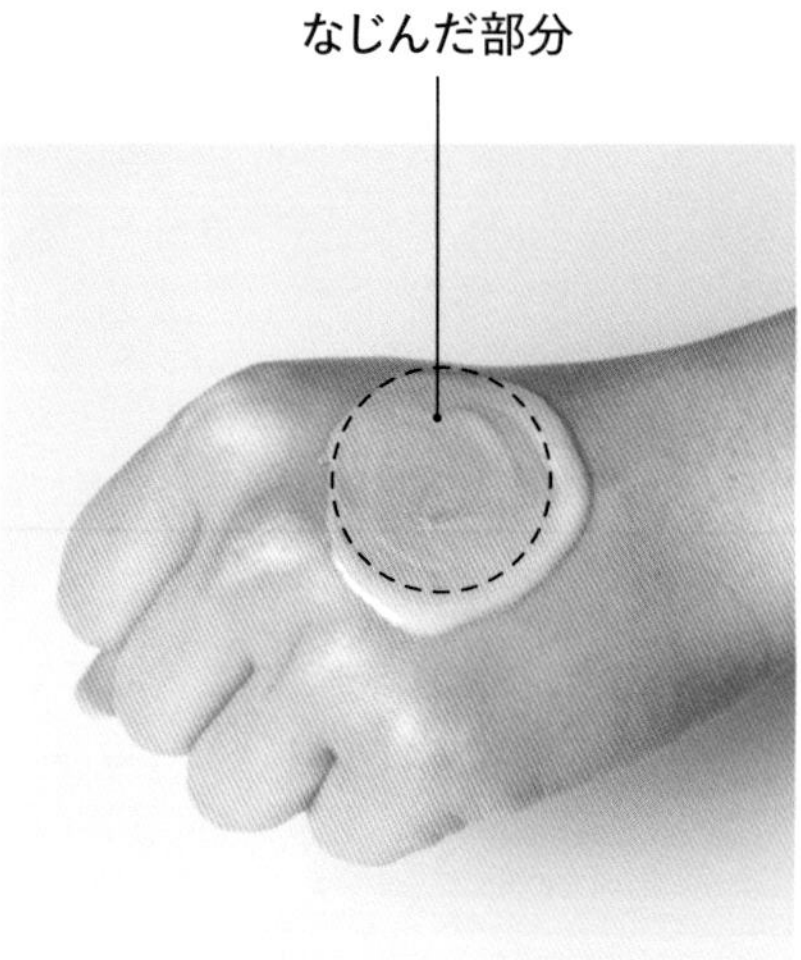

少量の水分で乳化します

洗い流す前に、少量の水を加えて白っぽく乳化させる。このステップを飛ばすと、汚れを含んだ洗浄成分が肌に残ってしまう。

なじむ＝ミルクがファンデと同じ色になる

肌をこすらなくても、軽く指を動かすだけでファンデが溶け出してミルクと一体化。全体がファンデ色になったら、乳化するタイミング。

オイルクレンジングの3つの注意点

しっかりメイクをした日に使うオイルクレンジングは、使い方を誤ると肌の乾燥を進めてしまいます。ポイントをおさえ正しく使いましょう！

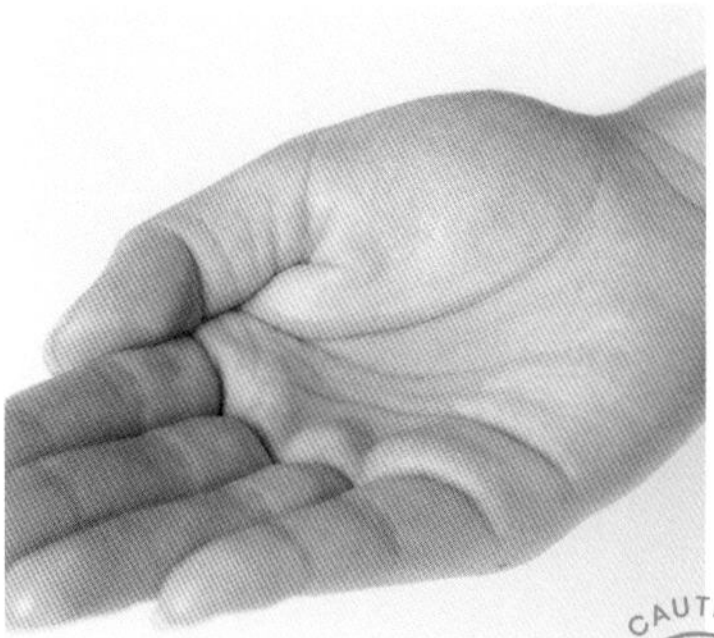

CAUTION 1

たっぷりの量でメイクを浮かす

肌をこすらず、メイクを浮かせて落とすには、〝多い？〟と思うぐらいたっぷりの量が必要。ポンプタイプで3〜4プッシュを目安に。

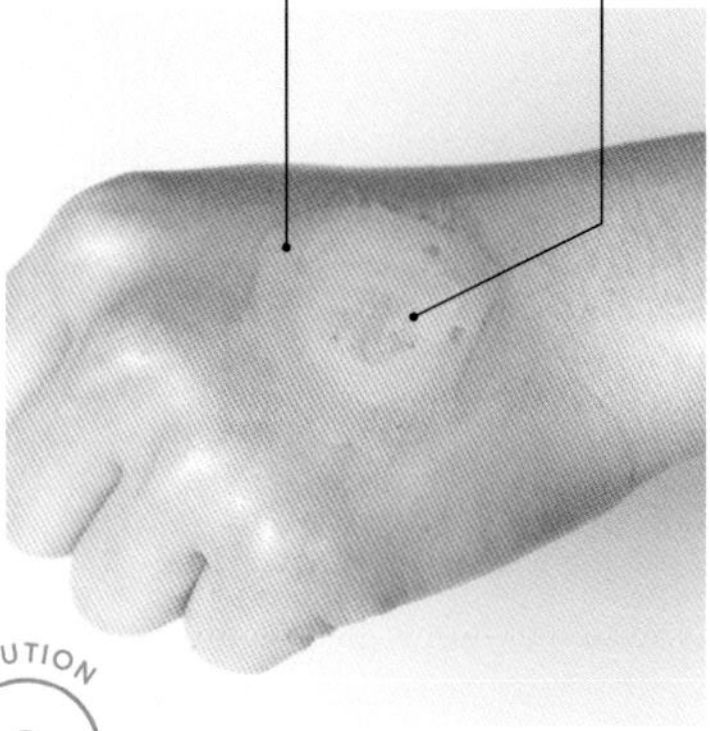

CAUTION 2

しっかり乳化

指をゆっくりと大きなストロークで動かす。オイルがなじんでファンデの色になったら、すすぎのサイン。少量の水でなじませて白っぽく乳化させてから、洗い流して。

CAUTION 3

「小鼻をグリグリ」「ついでにマッサージ」は絶対NG

力が入りがちな小鼻も、オイルでメイクを浮かせるようにそっとなじませる。また、クレンジング時間が長いと刺激になり、うるおいを奪うため、マッサージはしないこと。

洗顔 クレンジング 共通

基本のすすぎ方

洗うときと同じく、摩擦ゼロでやさしくすすぐのが石井式。
手の動かし方、すすぐときの水温など、美肌になるポイントが満載です。

石井式〝摩擦ゼロすすぎ〟の心得

☑ お湯はNG! 必ず「ぬるま湯」＝「冷たくない水」で

水温が高いと、肌表面の必要なうるおいはもとより、肌の中の大切な油分まで奪ってしまうので要注意。私が言う〝ぬるま湯〟は、みなさんが思うよりももっとぬるい、30℃くらいの〝冷たくない水〟です。

☑ シャワーで流すのは厳禁

温度だけに気をつければいいのかというと、そうではありません。シャワーの水圧も肌にとっては刺激が強すぎるので、論外です!

☑ 水をすくったら、やさしくあてるだけ。手は肌に極力、触れない

パシャパシャとするときに、手を肌にあてて、横にスライドさせがちですが、これも摩擦の元。あてるのはあくまでも水だけです。

☑ すすぎは30回以上

洗浄成分が肌に残ると、それが刺激となって肌が弱り、赤みや乾燥の原因に。流水をすくってあてる動きを30〜40回繰り返しましょう。

すすぎも摩擦ゼロ

トータル30回以上

正面10回

流水を手にすくったら、顔の正面にあて、泡やクレンジング剤を洗い流す。

▼

顔を横に向け左右5回ずつ

フェイスラインは
必ず横を向いて

水をすくった手を肌にあて、顔の内から外へとすべらせがちだけど、摩擦になるのでNG。手は肌に対して垂直に動かし、水をあてて。

▼

額5回・あご5回

額やあごも同じように、それぞれ肌に対して垂直に水をあてて、すすぐ。

▼

鏡ですすぎ残しチェック

この段階で一旦、鏡を見てフェイスラインや生えギワにすすぎ残しがないか確認。

▼

すすぎ残しを5回

泡や剤が残っていたら、さらに5回すすぐ。すすぎ残しがなくなるまで繰り返す。

＼ いつもの洗顔後にプラス1！ ／

コスメの効果が倍になる 角質ケアのススメ

正しい洗い方をしても、化粧水が入りにくいという方に
ぜひ取り入れていただきたいのが、角質ケアです。
なぜなら、角質が必要以上に分厚くなり、うるおいを
肌の中へ届けられない状態と考えられるから。
余分な角質を取り除くことで、水分が行き渡り、
うるおいを溜め込める肌へ生まれ変わるのを促します。
また、摩擦によって硬くなった毛穴まわりの肌がゆるむため、
毛穴目立ちも改善。とくにアラサー以上は、
肌の代謝が悪くなり、生まれ変わりのリズムが遅くなるため、
古い角質も、ダメージも、蓄積しがち。
週1〜2回を目安に取り入れてみてください。

B　A

A「へたりにくいモコモコ泡で、やさしくしっかりオフできます」古い角層を分解する酵素に、毛穴の汚れや角栓を吸着する泥や炭をプラス。ディープクリア 洗顔パウダー 30個 ￥1800／ファンケル
B「粒子の細かいスクラブ。オイルベースで油分補給も叶い、乾燥肌に◎」コンフォート オイル スクラブ 50g ￥4200／クラランス

使うのはザラつきが気になるところだけ！

角質ケアをするとツルツルになるので、全顔にしたくなりますが、
目元など、もともと肌が薄い部分には刺激が強く、乾燥が進む原因に。
額や鼻まわり、フェイスライン、あごなどザラつく部分限定で行って。

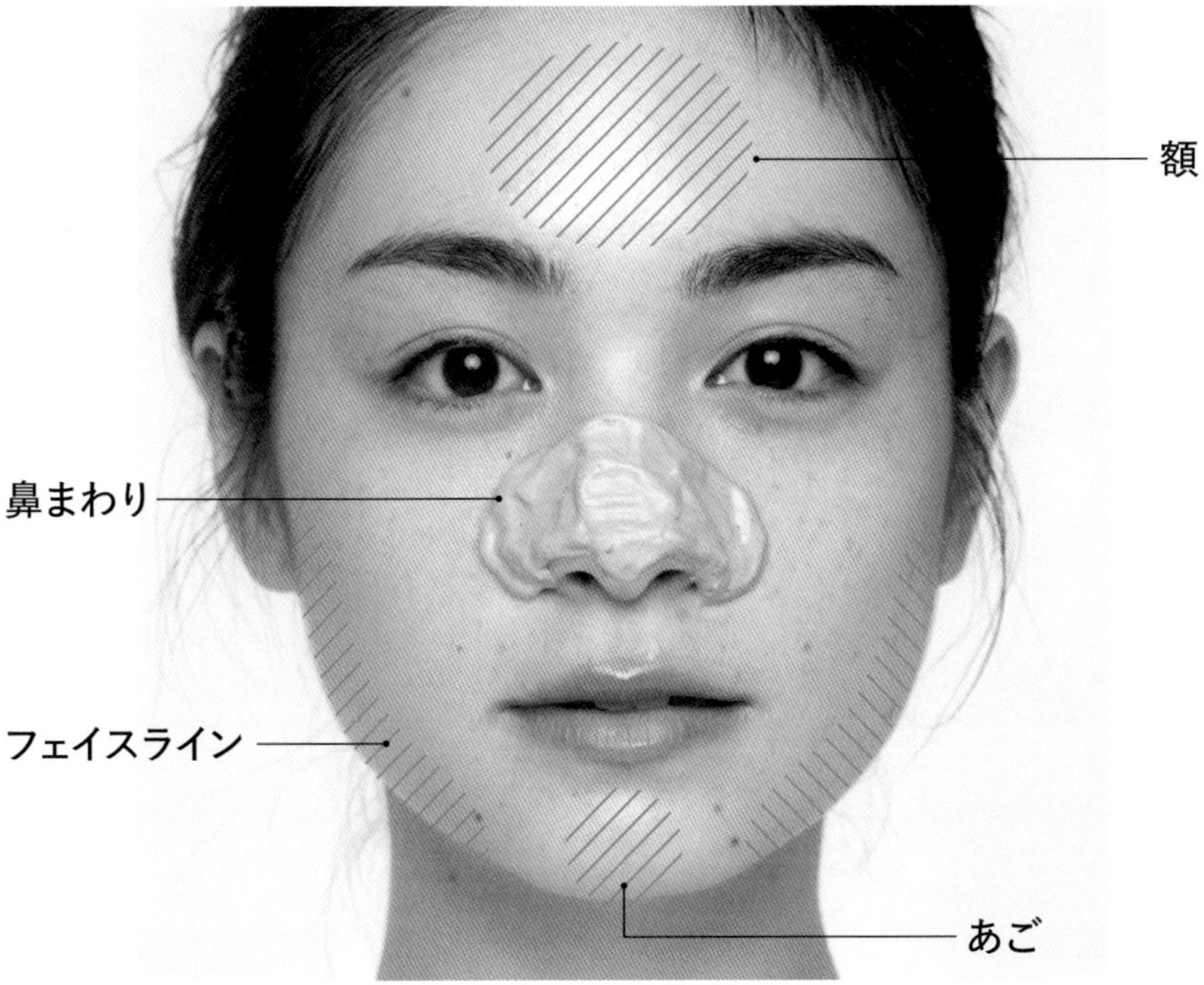

Q 角質ケアは摩擦になりませんか？

A アイテム選びと使い方次第で摩擦は防げます！

摩擦を起こさないように、酵素洗顔料はしっかりと泡立てて、モフモフ押し洗いを。スクラブは粒子が細かくて肌あたりがやさしいものを選んで、力を入れずに軽く軽く転がします。

Q 乾燥肌なので刺激を避けたいんです

A 乾燥肌の方ほど角質ケアをおすすめしています！

乾燥肌の人ほど、余分な角質が溜まってうるおいを受け入れられていない可能性大。ふき取りなどによる摩擦は刺激になるので避け、やさしく角質をゆるめられるものを選びましょう。

タオルに投資してください

洗顔用のタオルを特別分けていないという人も
多いのではないでしょうか?
でも、そのタオル、ゴワゴワしていませんか?
せっかく、摩擦ゼロで洗顔やすすぎをしてきたのに、
仕上げの段階で、刺激を与えてしまったら台無し!
だから、肌あたりがふわふわと柔らかくて、吸水性に
優れた上質なものを、ぜひ顔専用に用意してください。
もちろん、ゴシゴシふくのは厳禁。タオルを肌に
やさしくポンポンとあてて水滴を吸い取りましょう。

石井さんの
愛用タオルは……

「ふんわりタッチで吸水性も抜群」シルク超長綿リバーシブルタオル ウォッシュタオル ¥2300/ファイバーアートステューディオ

ポイントメイクはどう落とす?

専用リムーバーはなくてOK

落ちにくいアイテムでポイントメイクをしたときは、
クレンジングウォーターを活用。摩擦レスに落としましょう!

＼ お湯落ちタイプを使いましょう ／

マスカラ

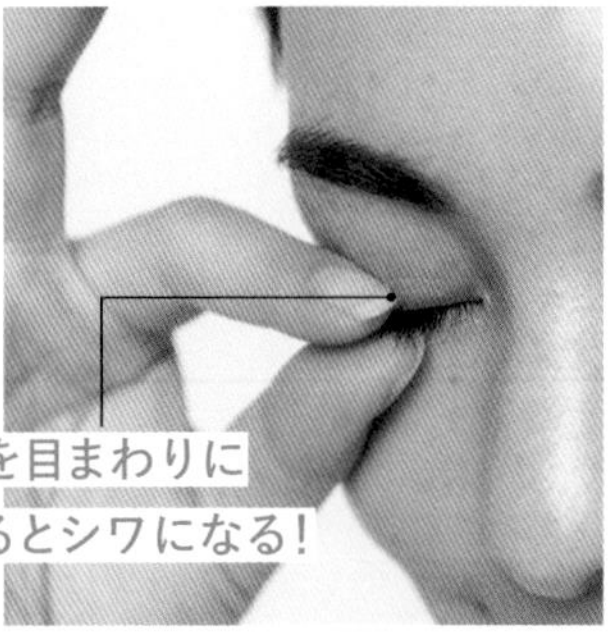
お湯を目まわりに
かけるとシワになる!

お湯をつけた指で軽くはさむ

目元全体にお湯をかけると乾燥やシワの原因になるので、まつげだけにお湯をつけるのがポイント。指ではさむだけでも十分、落ちる。

アイライン

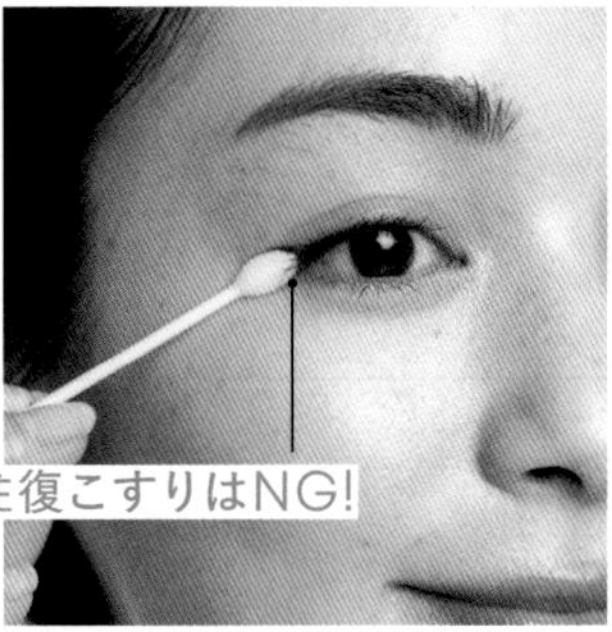

綿棒をあててジュワッと移し取る

綿棒にたっぷりとクレンジングウォーターを含ませて、目のキワに軽く押しあてる。決してこすらず、綿棒に吸い取るような気持ちで。

やわらか綿棒 ＋ **クレンジングウォーター**

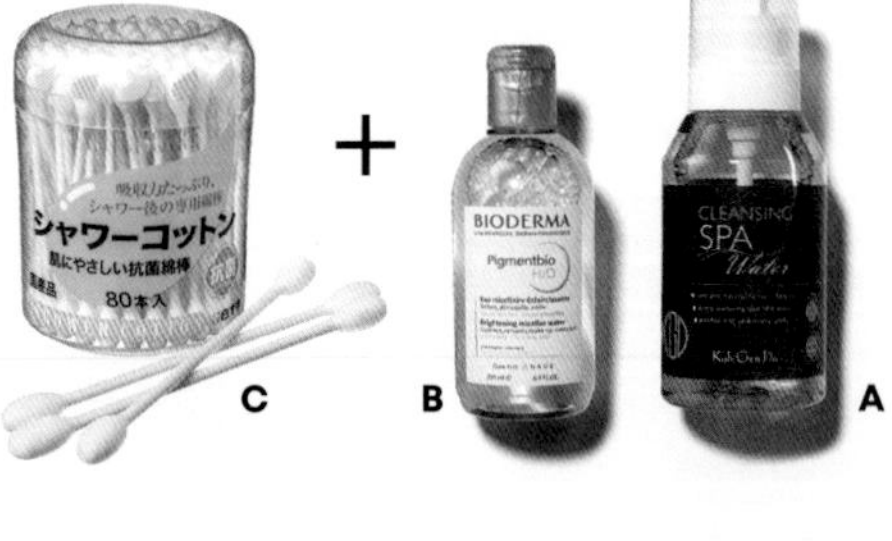

A「大容量でコスパがよく、あと肌もつっぱらない信頼の一品。長年愛用」使いやすいポンプ式。江原道 クレンジングウォーター 380ml ￥3200／Koh Gen Do
B「敏感でくすみやすい肌に対応。刺激なく落とせる」色素沈着にアプローチ。ビオデルマ ピグメンビオ エイチツーオーホワイト 250ml ￥2300／NAOS JAPAN
C「大きめヘッドが液をたっぷり含み、肌あたりが柔らか」ファミリーケア FCシャワーコットン 80本 オープン価格／白十字

さぁ、肌が変わりはじめました！

洗顔料やクレンジングを見直し、
洗い方、すすぎ方、ふき方を
摩擦ゼロに変えて、一週間。
肌はどうでしょうか？
きっと、赤みやくすみ、乾燥が改善し、
吹き出物がなくなるなど、
何かしらのよい変化を感じているはず。
その変化こそ、美肌スパイラルに入った証。
ここからさらにキレイになれます！

＼ 石井式摩擦ゼロ洗顔にトライ！ ／

一週間で ここまで変わった！

肌悩みがある方が、クレンジング・洗顔のアイテムを見直し、
洗い方やすすぎ方、ふき方まですべて石井式にスイッチして
一週間。早くも乾燥、毛穴、赤みなど多方面で変化を実感！

悩 頬や口元の乾燥が激しく、おでこやあごにブツブツも

FILE 01.

会社員
古賀彩芽さん（31歳）

BEFORE

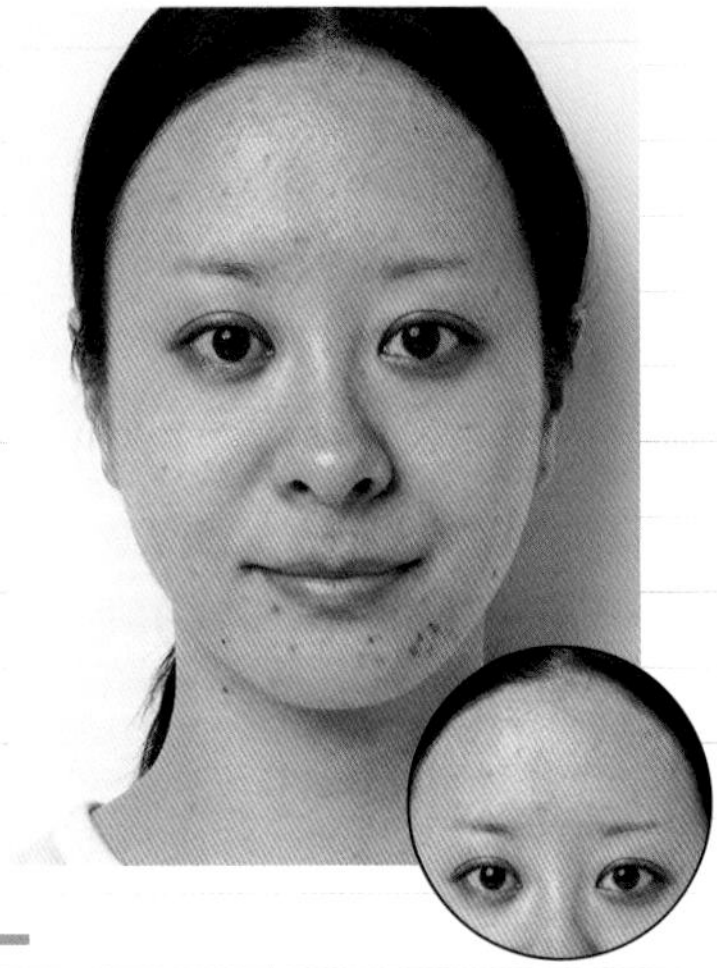

「おでこの毛穴が詰まり、ニキビ予備軍もチラホラ。吹き出物や赤みも」

おでこを中心に毛穴が詰まってブツブツが目立ち、あごには赤みや吹き出物が出現。泡の量が足りないまま、くるくる指を動かして洗い、熱いシャワーですすぐなど、摩擦多め。

ココを変えました！

- ☑ クリームクレンジング→ミルククレンジングに変更
- ☑ 洗うとき、くるくるしていたのをやめ、押し洗いに
- ☑ 熱いシャワーですすぐのをやめた

AFTER

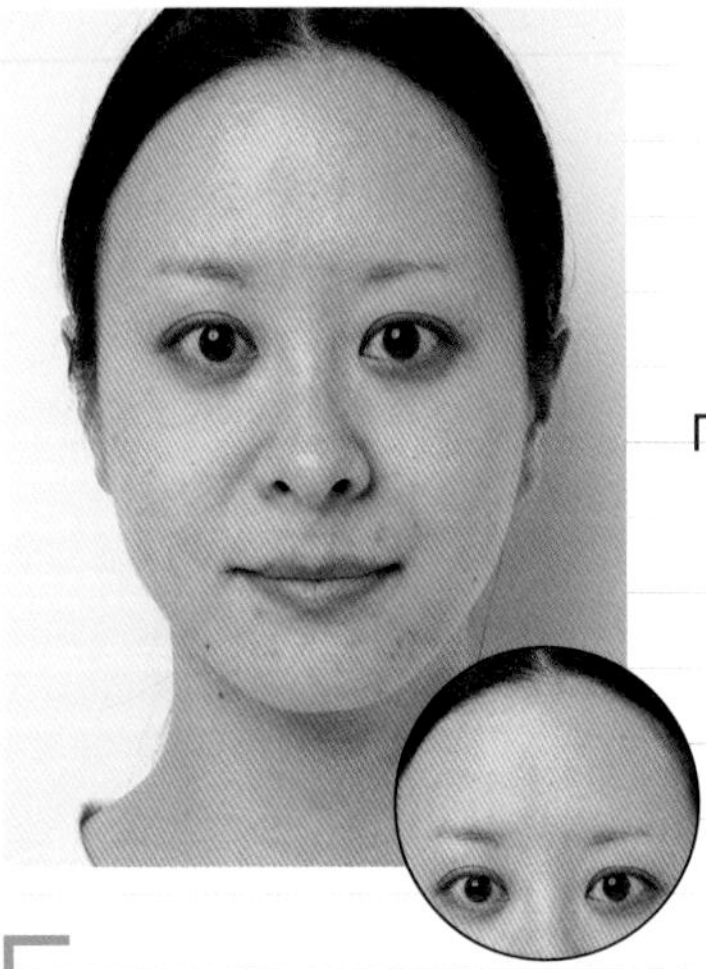

「全体的につるんとしてトーンアップ。吹き出物も改善！」

当然だと思っていた洗顔後のつっぱり感がなくなり、頬の赤みも薄れて、明るい肌に。毛穴づまりや吹き出物も目立たなくなり、全体的に均一に整って、つるんとした印象に。

悩 一生懸命ケアしているのに、あごまわりのトラブルが治らない！

FILE 02.

フリーター
軍司由稀さん（27歳）

BEFORE

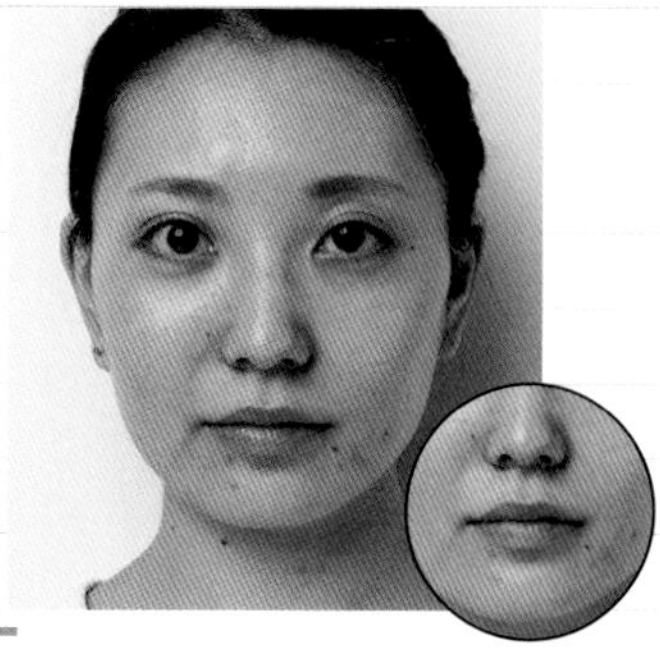

「ザラつきに吹き出物、
あごまわりにトラブル多発」

ザラつきが気になるからと、クレンジングの際は念入りにくるくるして、ふき取り化粧水も使うなど摩擦多め。フェイスラインには繰り返すニキビも。

ココを変えました！

- ☑ ジェルクレンジング→ミルクタイプに変更
- ☑ 指をすべらせて洗う方法から押し洗いに
- ☑ 小鼻とあごをくるくるするのをやめた

AFTER

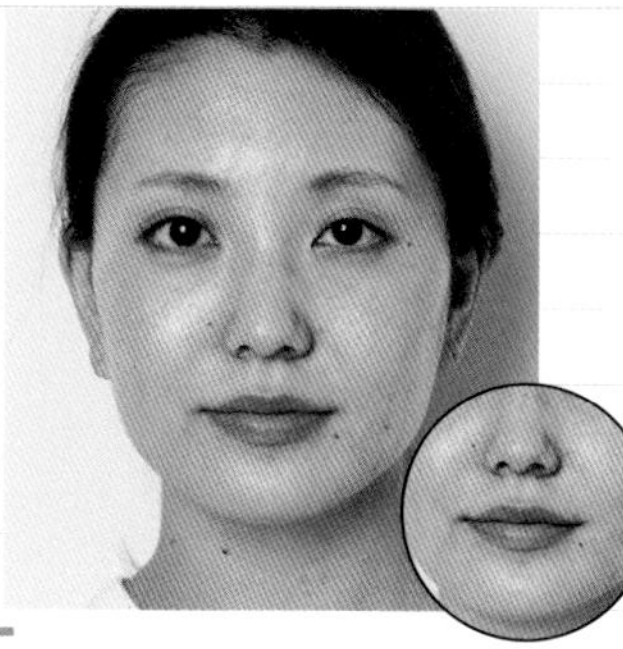

「吹き出物もザラつきも引いて
くすみが改善！」

ふき取りでこすることをやめたところ、あごまわりのトラブルが改善。人から指摘されるほど肌色が明るくなり、洗顔後のつっぱりもなくなった。

悩 アレルギー体質であれやすく、花粉の季節は赤みがすごい！

FILE 03.

会社員
大橋優美さん（26歳）

BEFORE

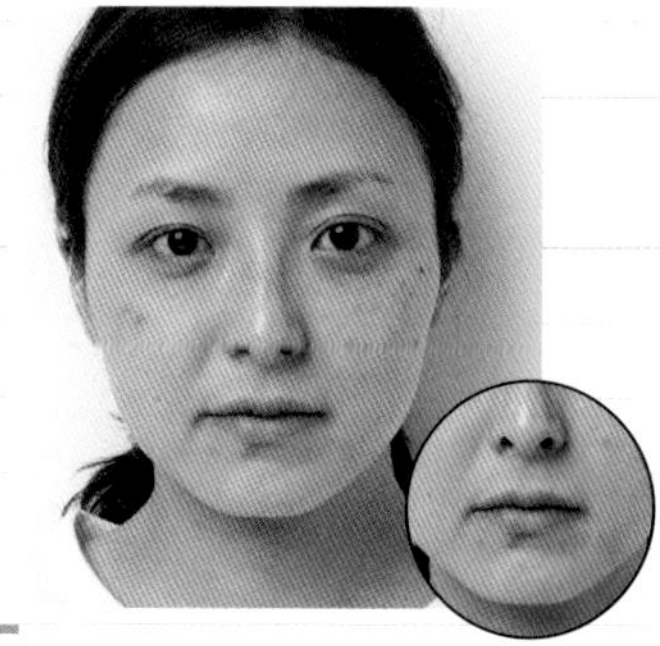

「全体的に赤みが広がり、
吹き出物も。かゆみもあり」

もともとアレルギー体質で、赤くなりやすく、かゆみも出がち。洗顔時は、肌をこすらないよう意識しているが、すすぎは熱いシャワーを直あて。

ココを変えました！

- ☑ バームクレンジング→ミルクタイプに変更
- ☑ すすぎを40度のシャワー→ぬるい水に変更
- ☑ 手をくるくるして洗顔→押し洗いに変更

AFTER

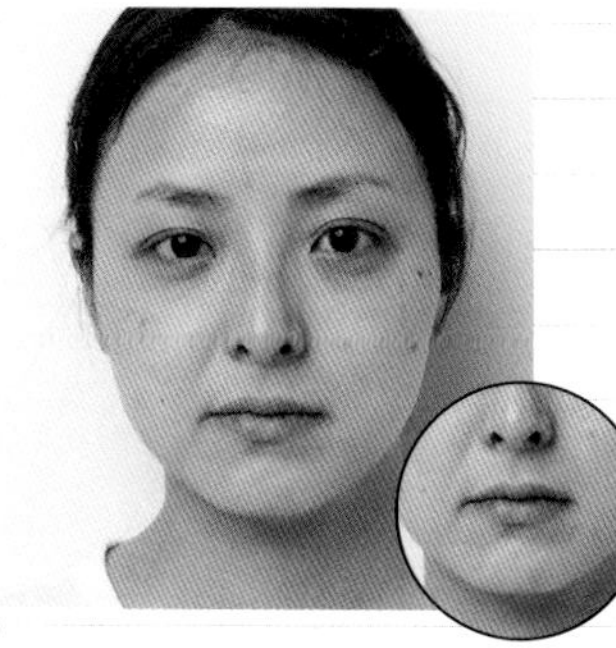

「赤みが消え、吹き出物も減少。
肌全体のトーンが均一に」

炎症による赤みが引き、目元のくすみが薄く、範囲も狭くなった。肌色が均一になり、全体的にトーンアップ。洗顔後のつっぱり感も緩和された。

「洗顔後、1分放置」で 自分の肌タイプを知る

洗顔後、何もつけずに1分間も放置したら、
肌はつっぱって当然。みなさん、そう思っていませんか?
でもそれは、大きな誤解。
肌の中に水分と油分がバランスよく存在する
うるおった肌は、つっぱらないもの。
この段階でつっぱるなら、あなたの肌は
うるおいが不足している乾燥肌です。
また、何も塗っていないのにベタベタしてしまう肌は、
オイリー肌だと勘違いして、油分を敬遠しがちだけど
実は、中が乾いているインナードライ肌の可能性大。
そういう肌こそ、水分とともに油分を与えるケアが必要です。
そして、このとき鏡をじっくりと観察して
毛穴が開いていないか、くすんでいないか、
シワが増えていないかも確認を。
実際に触れて、跳ね返すような弾力があるかもチェック。
そうやって、ときどき肌を観察して、小さな変化に
気づいたら、お悩み別スキンケアを盛り込む。
自分の肌を知ることは、美肌づくりの要なんです。

第2章

MIHO ISHII
SKIN CARE METHOD

保湿を見直しましょう

大前提

保湿のどの過程でも徹底してこすりません

洗顔やクレンジングと同様、保湿の段階でもこすらないのが石井式です。
理由は、やはり摩擦が刺激となり、トラブルを引き起こしてしまうから。
だから、指や手を横にすべらせるという動きはしません。
基本はどの工程も、手のひらになじませてから、
肌をやさしく包み込むようにハンドプレスするだけ、です。

夜よりも朝の20分保湿

慌ただしい朝はミニマムに、そのかわり夜はじっくり念入りに。
きっとこういう方が多いと思いますし、私もそうでした。
でも今は朝ケア重視。洗顔を含め、20分かけてしっかりケアしています。
なぜなら、朝は一歩外に出た瞬間から、肌の水分が奪われ始め、
紫外線や大気汚染などのダメージにさらされることになるから。
乾燥やダメージのリスクが少ない夜とは大違いなんです。
だからこそ、それに耐えうる肌にスキンケアで整えておく必要があります。
実際、この20分保湿をしておけば、メイクがくずれることはありません。
そして、毎朝20分保湿を続けた結果、
夜は手短にケアを終えても、乾かない肌を手に入れられたのです。
だから、ぜひ、朝の20分。週に1回からでいいので始めてみてください。

朝の20分保湿

「ローション」編

お手入れの土台をつくります

美容成分が行き渡りやすい状態に導き、
キメの整った透明感あふれる肌に

肌のうるおいに必要なのは、水分と油分。
そのうち、水分を注ぎ込むのが化粧水のミッションであり、
続く美容液などの浸透をよくする役割も担っています。
また、肌の中が水分で満たされると、光を上手に
反射できるようになり、透明感がアップ。
その意味でも、肌にたっぷりの水分を与えるケアはマスト。
〝これ以上、肌に入らない〟という状態になるまで
しっかりと入れ込むのが石井式です。

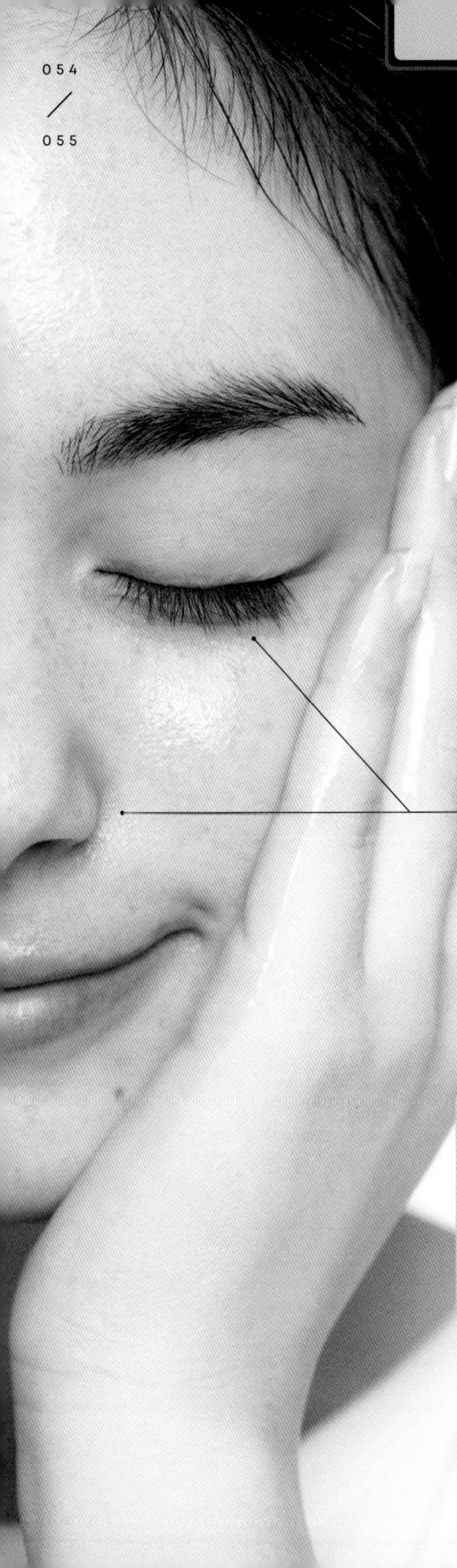

押し込むように プレス塗り

500円玉大の量を目安に化粧水を手のひらに取り、両手を合わせて手のひら全体に軽くなじませます。顔の凹凸に沿うように手のひらを肌にあて、顔の内から外へハンドプレス。化粧水を押し込むようになじませたら、再度、500円玉大の量を手に取って、繰り返します。肌の表面がぬるっとして、中に入らなくなり、手のひらに化粧水が残るようになったら満タンのサインです。

塗り残しやすい細部は 薬指で！

目まわりや鼻の下、鼻の付け根など凹凸がある部分は手のひらが触れず、塗り残しがち。力が入りにくい薬指を使ってプレスしましょう。

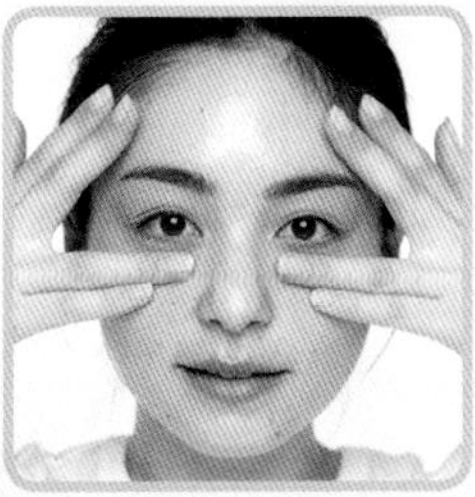

目元

鼻の下

鼻まわり

ローションは10回入れ込む or 3分間コットンパック

肌をうるおいで満タンにするには、約10回、プレス塗りする必要が。
時間がないときなどは、コットンパックでうるおすのもおすすめです。

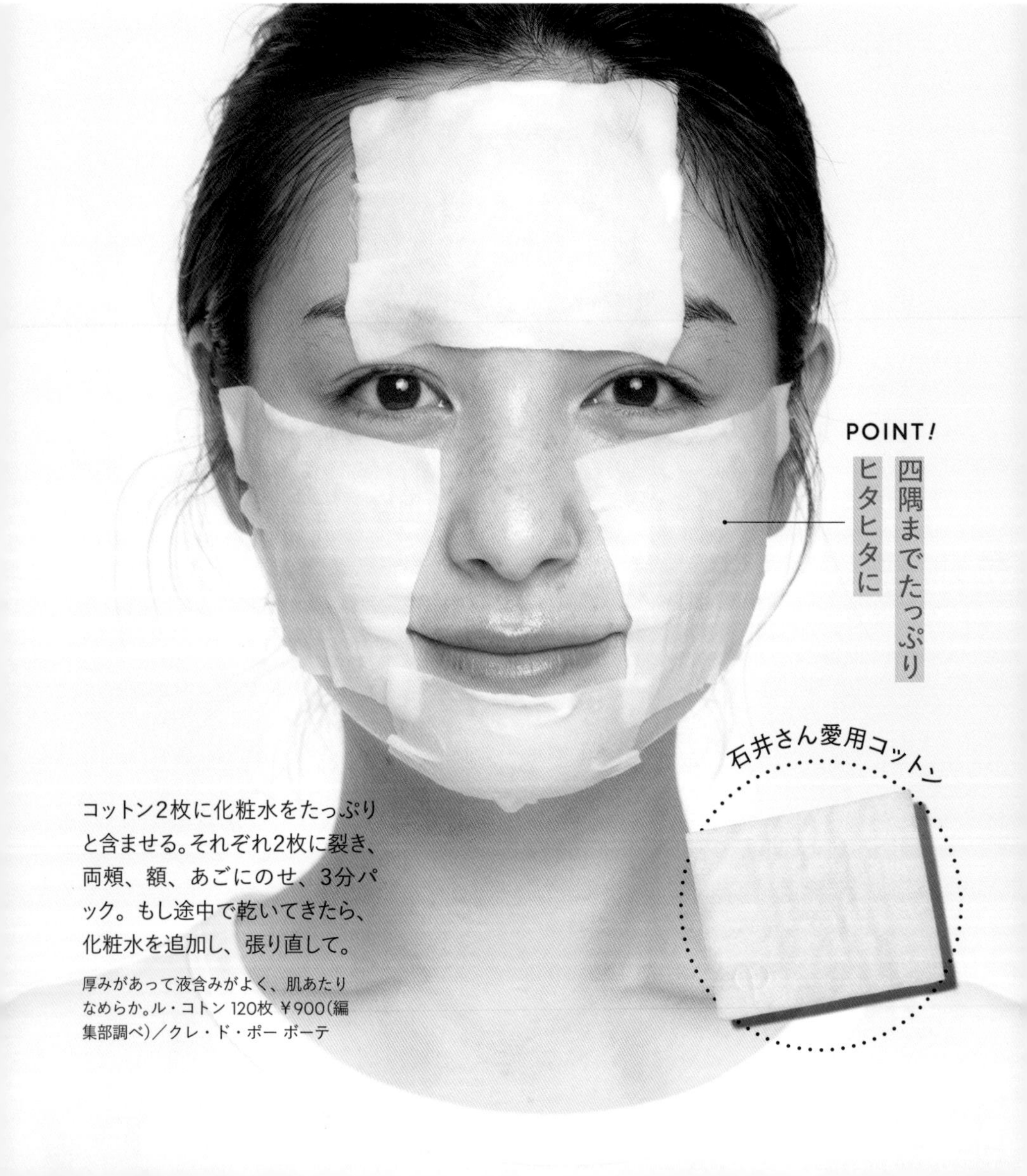

POINT!
四隅までたっぷりヒタヒタに

コットン2枚に化粧水をたっぷりと含ませる。それぞれ2枚に裂き、両頬、額、あごにのせ、3分パック。もし途中で乾いてきたら、化粧水を追加し、張り直して。

石井さん愛用コットン

厚みがあって液含みがよく、肌あたりなめらか。ル・コトン 120枚 ¥900(編集部調べ)/クレ・ド・ポー ボーテ

RECOMMENDED LOTION

石井美保の
スタメンローション

たっぷりと肌に入れ込むため、スーッと浸透するなじみのよさを重視。
みずみずしいけど、水っぽすぎないまろやかさがあるタイプを選びます。

**肌なじみが秀逸。
コスメが効く
ふっくらした肌に**

「酵素の力で肌を土台から整えて、続く美容液などの効果を高めます」3％のオイルにより、高浸透を実現。クラリフィック デュアルエッセンス ローション 150ml ￥11000／ランコム

**美容液クラスの
ツヤとうるおい。
1本で肌が大満足**

「オススメした方にも肌が揺らぎにくくなる、と好評です」独自の発酵技術により、肌状態に合わせて働く有用成分がふんだんにイン。フローラドリップ 160ml ￥13000／アルビオン

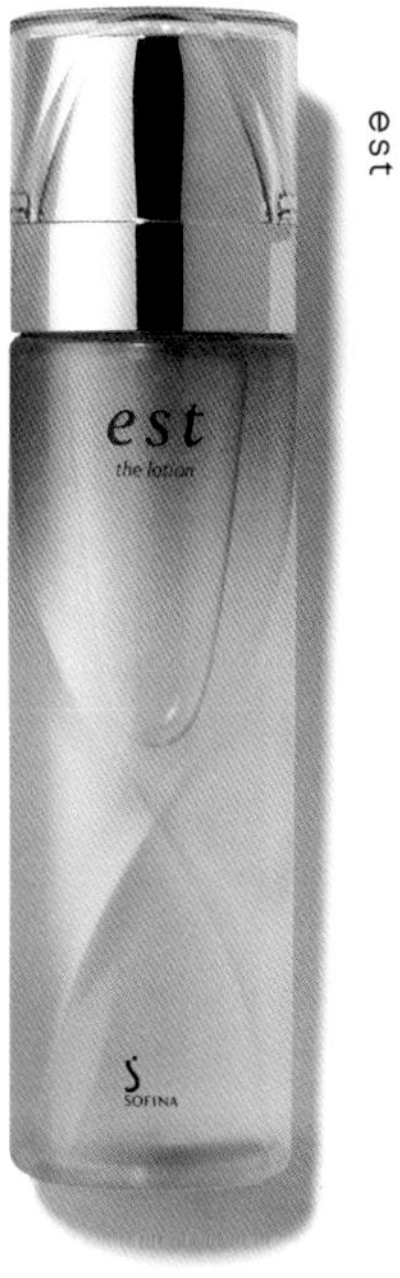

**肌が飲み込むように
ぐんぐん入り、
肌の保水力がアップ**

「これを使って肌の水分量の値が上がった方がたくさんいます」肌に水分を抱え込ませる成分を配合。肌の貯水力を高め、うるおい続ける肌に。ザ ローション 140ml ￥6000／エスト

**硬くゴワついた
肌にも、やさしく
浸透する感じが◎**

「ストレスによって硬くなりがちな肌に着目した処方が頼もしい」高浸透＆高保湿に特化。みずみずしく柔らかな肌に。リズムコンセントレートウォーター 300ml ￥4000／アユーラ

＼お手入れの効率がアップする〝めぐりケア〟／

ローション前の〝炭酸仕込み〟でツヤ肌が生まれる

〝コスメの効きが悪い〟〝もっとキレイになりたい〟と思ったら、
ぜひ、取り入れていただきたいのが、炭酸コスメです。
洗顔後の肌になじませるだけで、
年齢を重ねるにつれて衰える代謝をフォローし、
ストレスや疲れなどによって低下する血流もアップ。
くすみがパッと晴れて、肌の透明感が増す手ごたえに加えて、
代謝が促されることでむくみも軽減します。
さらに、化粧水や美容液などの浸透を促してくれるブースト効果も。
マッサージでも同じ効果が得られるのでは？と思うかもしれませんが、
石井式では、肌をこする可能性が高いためマッサージはNG。
そのかわりに、炭酸コスメを365日、愛用しています。

B　A

A「濃密泡で肌なじみ◎。めぐりがよくなるのを実感」ソフィーナ iP ベースケア セラム〈土台美容液〉90g ¥5000（編集部調べ）／花王

B「高濃度の炭酸パック効果で、血色が一気によくなります」ドクターメディオン スパオキシデュアルジェル 100g ¥3400／メディオン・リサーチ・ラボラトリーズ

顔だけではなく
全身の〝めぐり〟を大切にしています

実は私、30代まではシャワーだけで済ませることが多かったんです。
でも湯船に浸かるようになったら、顔も体もむくみにくくなりました。
汗をきちんと出してめぐりがよくなったことで、肌の調子も一段と上向きに。
顔と体は繋がっていることを痛感し、体のケアの重要性を再認識。
最近は電動ローラーなどの器具も用いて、こまめに血流ケアをしています。
今がいちばんイイと思える肌になれた、大きな要因のひとつだと思います。

朝、スキンケアをするとき
ひざの間にはさんでブルブル!

「振動で血行がよくなり、むくみが改善。骨盤底筋群も鍛えられて女性ホルモンにも作用するなどメリットいっぱい」Fitvc 電動フォームローラー／本人私物

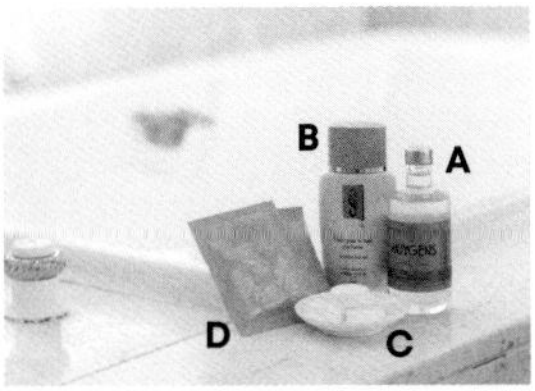

「デトックス系オイルに、炭酸系か水素系の入浴剤をブレンド。短時間で温まります」**A**「スパイシーな香りでリラックス」ディフュージョン バス オイル ヴェルベ 100㎖ ￥6500／ホイヘンス・ジャパン　**B**「むくみ対策に」ポール・シェリー シルエット ピュリファイング バスオイル 150㎖ ￥7000／ピー・エス・インターナショナル　**C**「芯から温まる炭酸系」薬用ホットタブ重炭酸湯Classic〈医薬部外品〉45錠 ￥3600／ホットタブ重炭酸湯　**D**「汗をたっぷりかきたい日に」ハイドロシリカスパ グランプロ 30g×10袋 ￥5800／エステプロ・ラボ

乳液を省いてはいけません

〝保湿〟とは水分と油分の両輪で肌を柔らかく保つこと

私がサロンで行うカウンセリングでは、最初に肌状態を測定器でチェックします。

水分の値は少なくても10〜20はあるのに、油分はゼロをたたき出す人が続出！

そして、そのような人は必ずといっていいほど乳液を使っていないんです。

何度も言います。肌がうるおうためには、水分と油分が両方とも必要で、水分7：油分3が理想。そのバランスをつくるために必要な油分を補えるのは、水と油を両方含み、水との親和性が高い乳液以外にありません！

先に与えた化粧水と乳液がうまく混ざり合ってはじめて、うるおった肌は叶うのです。

肌のうるおいは
水分7：油分3が
Goodバランス

朝｜の｜20｜分｜保｜湿

「乳液」編

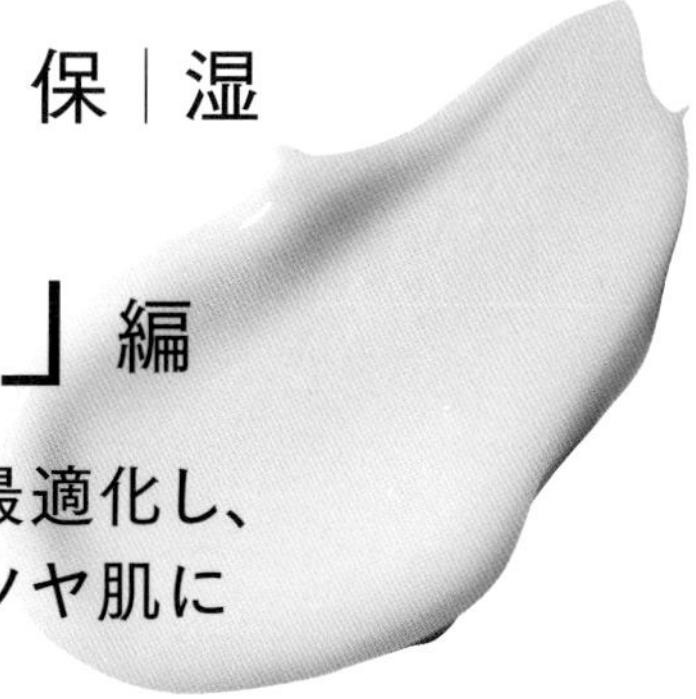

うるおいバランスを最適化し、ふっくら柔らかい、ツヤ肌に

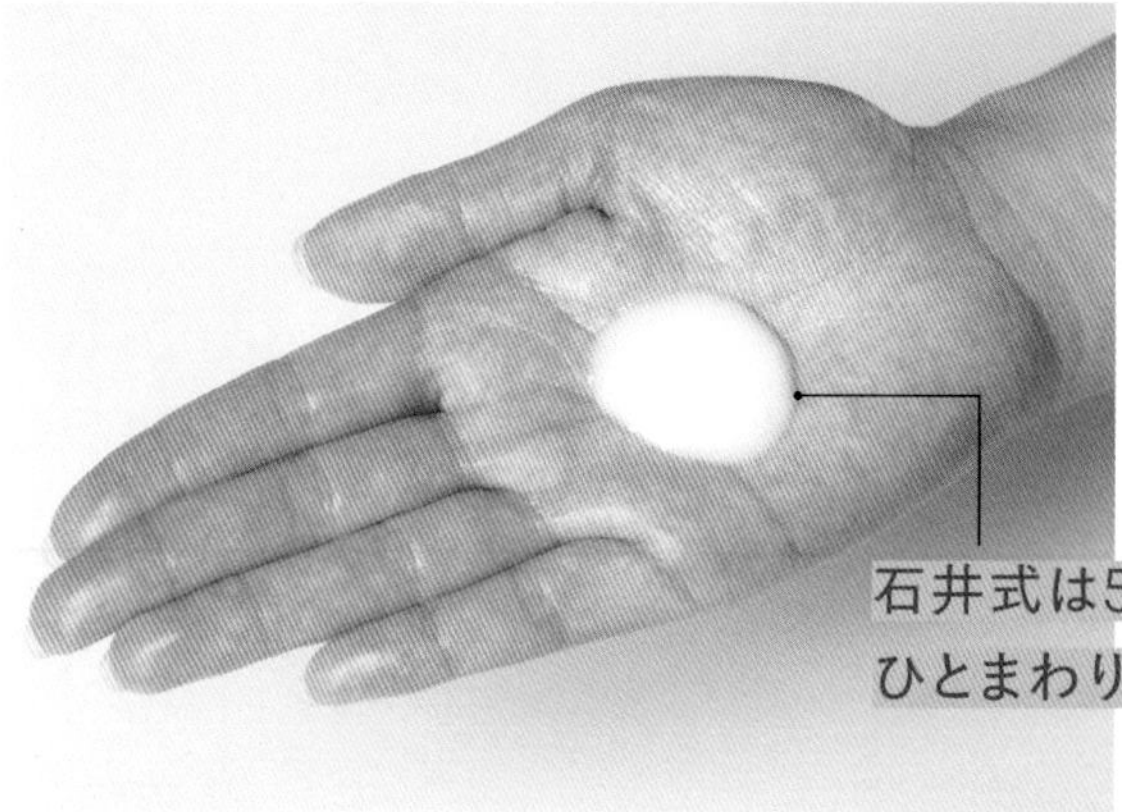
石井式は500円玉大より
ひとまわり大きめ

スリスリして手のひら全体にのばす

両手をすり合わせて、手のひら全体に軽くなじませておきます。体温で少し温まることで、肌へのなじみをよくする効果も期待できます。

やさしくプレス塗り

肌にのせるときは化粧水と同様に手をすべらせることなく、肌を包み込むようにプレス。細かい部分は薬指で押さえてなじませて。

※乳液を使っての「肌アイロン」はP86～89をご覧ください。

RECOMMENDED MILK

石井美保の
スタメン乳液

肌ほぐし効果、水分&油分の補給に加えて、ハリを与えてくれるものが◎。
いずれも「乳液はベタつくから苦手」という人でも使いやすいテクスチャーです。

LECHÉRI

**塗った瞬間から
ハリを実感！
シワ改善も狙えます**

「すぐに肌がピンと張る手ごたえは感動ものです」リッチな質感で浸透力も◎。ルシェリ リンクルリペア エマルジョン〈医薬部外品〉120ml ￥3800（編集部調べ）／コーセー

MINON Amino Moist

**敏感肌にも安心して
すすめられる
信頼の一本です！**

「肌が硬くなりがちで敏感な人ほど、乳液はぜひ使ってほしい。これはぴったり」ミノン アミノモイスト モイストチャージ ミルク 100g ￥2000（編集部調べ）／第一三共ヘルスケア

SANA NAMERAKA HONPO

**ハリとともに
透明感まで増す
優秀なプチプラ**

「プチプラの中でも効果実感が高いブランド。ベタつきがなくて、使いやすい乳液」濃密にうるおってもっちり肌に。サナ なめらか本舗 リンクル乳液 N 150ml ￥1000／常盤薬品工業

sisley

**肌なじみがよく
ハリが高まる
マイベスト乳液！**

「お値段以上の価値あり。何本もリピートし、みなさんにもおすすめしてます」肌質や年齢を選ばず、健やかな肌に。エコロジカル コムパウンド 60ml ￥14800／シスレージャパン

クリームは
朝こそたっぷり

肌に水分と油分を補ってバランスを整えるのが
化粧水と乳液なら、クリームの役割は肌の表面に膜を張り、
肌の中からうるおいが逃げるのを防ぐフタ。
よく、〝乳液を塗っているからクリームはいらない〟
〝クリームを使うから乳液は省く〟という声を聞きますが、
役割が異なるため、石井式においては両方、必要です。
とくに日中は、肌へダメージを与える乾燥や紫外線、
大気汚染などにさらされるため、**外出する前に**
クリームをきちんと塗ってガードするのが賢明。
また、肌の中のうるおいバランスをキープしてくれるので
日中、必要以上に皮脂が分泌されず、**メイクくずれも防げます。**
逆に、きちんと塗らなかった日のほうがくずれやすいんです。
だから、**朝は迷わず、クリームをたっぷり**と塗ってください。

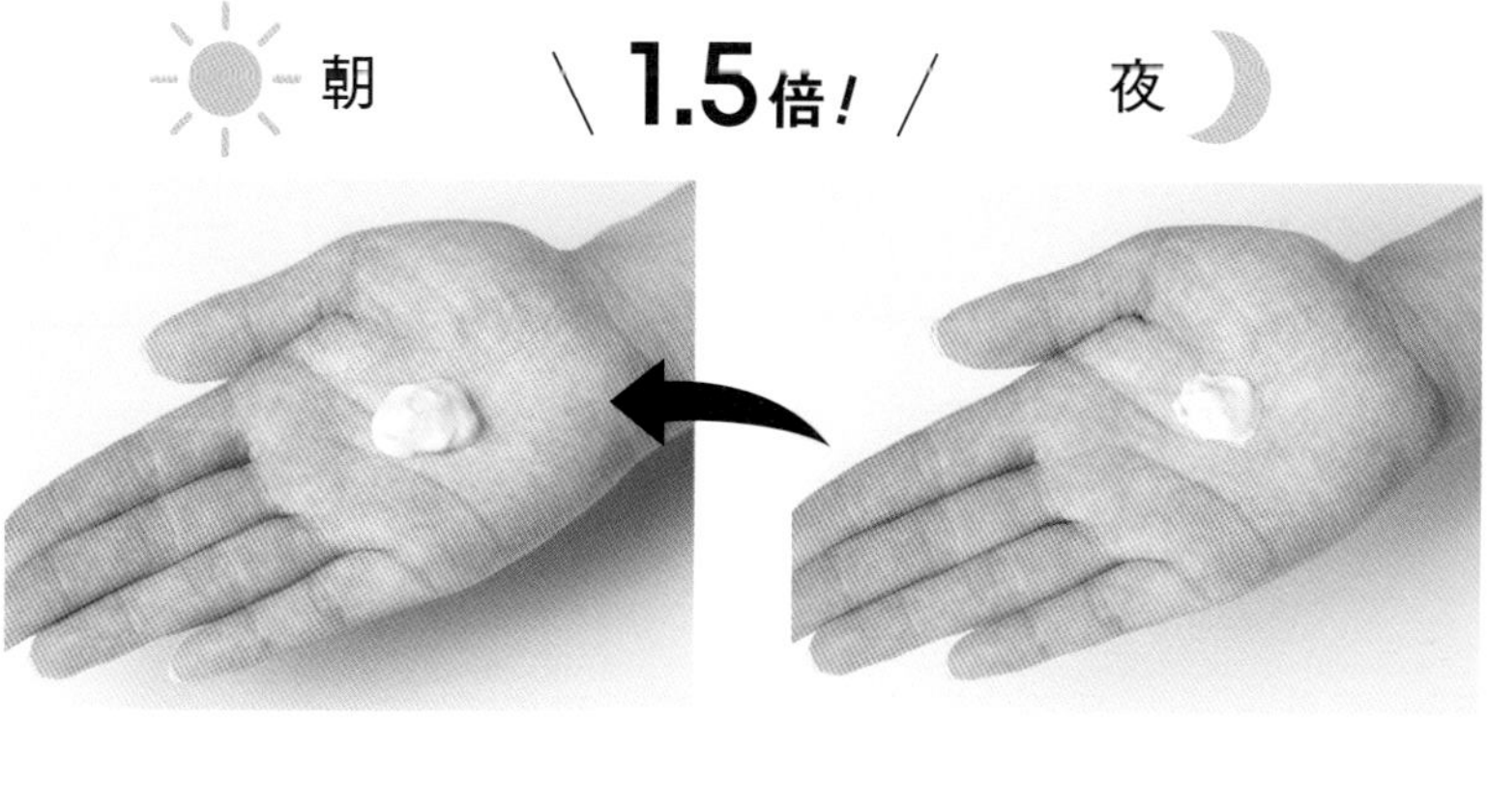

朝｜の｜20｜分｜保｜湿

「クリーム」編

うるおいを逃さないフタであり、刺激から肌を守る大切な膜

"塗ったら5分放置"でメイクのりが変わる

肌をしっかりガードするために、朝使うクリームの量は、夜の1.5倍を目安に。
化粧水や乳液のようにハンドプレスして、顔全体になじませたら
5分ほど、歯を磨くなどして肌は放置。
こうすることで、肌が必要な油分を吸い取って、自然となじんでくれるのです。
それでもまだ乾いているようなら追加し、逆にベタつくならティッシュオフを。

説明書などに記載されている量の1.5倍を手のひらにとり、両手をすり合わせます。頬など乾きやすいパーツから順に、手のひら全体を肌にやさしくあててプレスし、なじませましょう。

RECOMMENDED CREAM

石井美保の
スタメンクリーム

クリームはたっぷり使うものだからこそ、心地よく続けられるように、
感触や香りの好みを優先して。ここでは初心者も使いやすい4つを紹介。

スッとなじんで、ふっくら。メイクのりもよくなります

KANEBO

フレッシュな感触で肌を守る朝用クリーム。ファンデのりもアップ。カネボウ フレッシュ デイ クリーム SPF15・PA+++ 40ml ¥6000／カネボウインターナショナルDiv.

ベタつき嫌いな人にイチオシ。みずみずしく軽やかな使用感

ALBION

もろくなった肌を補修して、刺激を受けにくい肌へ。肌上でオイルがとろけて浸透し、高保湿なのに軽やか。エクサージュ ディープ デュウ クリーム 30g ¥6000／アルビオン

オイルリッチなのに軽やか。なじみもよくて使いやすい

DECORTÉ

栄養価の高いアボカドなど、植物や果実から抽出したオイルをたっぷり配合。みずみずしくなじみ、もっちりうるおう肌に。プリム ラテ クリーム 40g ¥4500／コスメデコルテ

コクがあるけどベタつかない。揺らぎ肌にもOKで香りも◎

DECENCIA

水分蒸散を防ぎ、花粉などの付着を防ぐ膜を形成。敏感肌用。ゼラニウムなど精油の香りが楽しめる。アヤナス クリーム コンセントレート 30g ¥5500／ディセンシア

日焼け止めまでが
スキンケアと心得る

紫外線対策＝最大のエイジングケア。私は一年中SPF50です

肌の老化を進めるいちばんの要因は、なんといっても紫外線。紫外線ダメージによってメラニンが増えてシミができたり、くすんだり。肌の奥にまでダメージが及ぶことで、シワやたるみも発生します。つまり、老化を防ぐケアとして、もっとも有効なのが紫外線対策なのです。紫外線は日差しが強い春夏だけではなく、晴れた日だけでもなく、秋も冬も、くもりや雨の日にも、降り注いでいます。だから日焼け止めは年中、必須。毎朝のルーティンケアなのです。

飲む日焼け止めで
カラダの中からも
紫外線ブロック

「納得できる日焼け止め＆美白サプリがほしくて開発。透明感がアップするのを実感しています」
ルミエ ラブ 60カプセル
￥11000／エール

朝の20分保湿

「日焼け止め」編

肌全体に均一にフィットさせて
老化の原因からしっかりガード！

摩擦、塗り残し、ムラづきを防ぐ〝スタンプ塗り〟

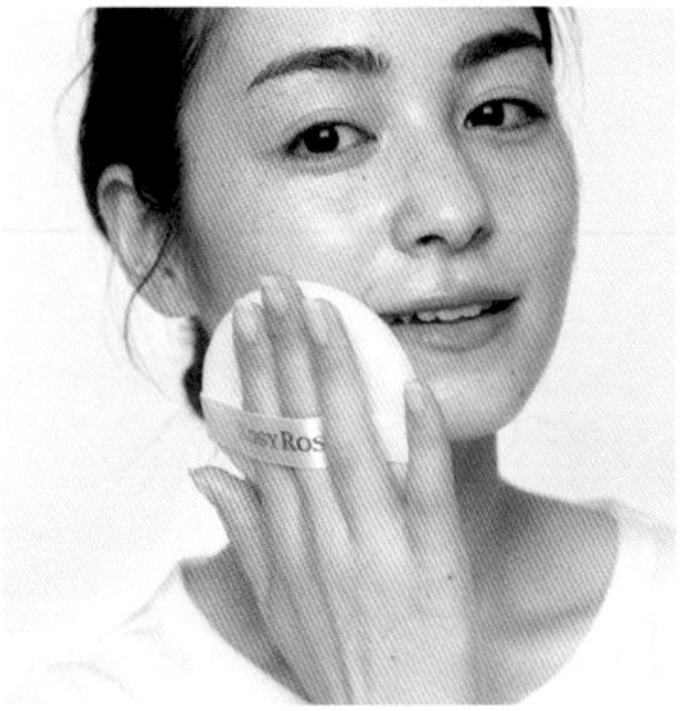

大きめスポンジで部分的に押さえます

均一になじませるために、日焼け止めが溜まっているところや油分が多いところを、何もついていないスポンジで軽く押さえて。

手のひら全体になじませ、ペタペタとスタンプ塗り

日焼け止めを塗るときも摩擦を与えないよう、指はすべらせません。顔の中心から軽くスタンプを押すようにのせ、細部は指でやさしく。

適量は……

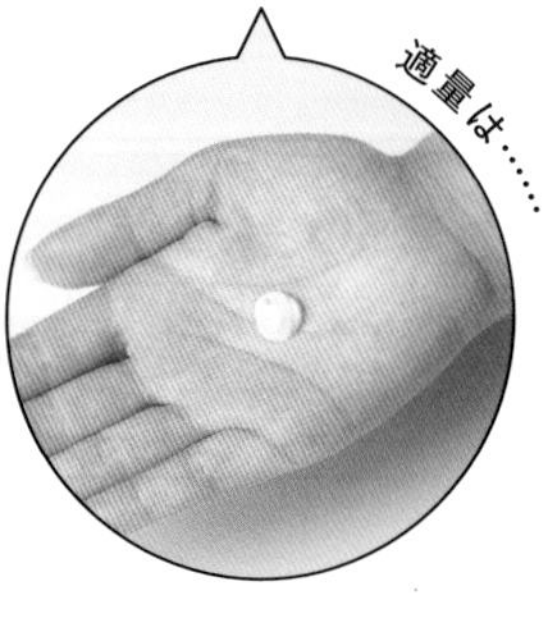

パール粒大（直径1cmぐらい）を目安に。手のひらになじませてから塗るので足りないようなら追加を。

RECOMMENDED SUNSCREEN

石井美保の
スタメン日焼け止め

私の定番は、SPF50以上の紫外線カット効果が最強クラスのもの。
肌へのやさしさも考え、スキンケア効果が高いことも条件です。

（下地としても優秀！）

FEMMUE

確実にトーンアップして、炎症も抑えてくれる欲ばりなUV

「一瞬白くなるけどすぐになじみ、透明感あふれる肌に」天然由来成分100%で高いUVケア効果を発揮。ファミュ トーンアップUVクリーム SPF50・PA+++ 40g ￥4200／アリエルトレーディング

HELENA RUBINSTEIN

薄膜なのにブロック力も肌補整力も抜群！

「乳液のようなテクスチャー。ハリとツヤがみなぎり、イキイキとした印象に」プロディジー CELグロウ ローズ UV ベース SPF50・PA++++ 30ml ￥13500／ヘレナ ルビンスタイン

（うるおい重視の人に）

ALBION

肌コンディションを最高レベルまで高めてくれます

「負担を感じないどころか、肌の弾力が高まる、美容液級UVの最高峰」コクのある感触で濃密に保湿。スーパー UV カット インテンシブ デイクリーム SPF50+・PA++++ 50g ￥10000／アルビオン

SOFINA iP

お手頃な価格なのにうるおいケアまでできる優れもの

「なめらかなあと肌に」日中の乾燥ダメージから肌を守る独自成分を配合。ソフィーナ iP UVレジストリッチクリーム SPF50+・PA++++ 30g ￥3000（編集部調べ）／花王

＼ 美白ケアはタイミングが大事！ ／

夏終わりと冬終わり 美白集中シーズンは 年2回

きちんと紫外線ケアをしていたとしても、
真夏の強烈な紫外線ダメージの影響は少なからずあります。
ちょうど秋の気配を感じる晩夏の頃は、
湿度が下がってくるため、保湿を重視しがちですが、
夏の間に肌の中に蓄積したメラニンが
うまく排出されてシミやくすみにならずに済むか、
居座って表面に現れるかの瀬戸際のタイミング。
美白ケアも集中的にきっちりとしておきたいところです。
また、冬の終わりは乾燥によって肌が分厚くなってゴワつき、
冷えによる血流の低下もあるため、肌がくすみがち。
角質ケア（P42〜43参照）をしながらの美白ケアがおすすめです。

私の場合、くすみが
気になったらすぐ
美白ケアを
取り入れます！

RECOMMENDED WHITENING

石井美保の
スタメン美白

美白は気長にするものというのが常識だったけど、今はスピード系が充実。試した結果、10日で〝おっ〟と思えたものを中心に、厳選しました！

（ 体の中と外から攻めの美白 ）

撮影前にも飲んでいます

＋

黄ぐすみが薄れる名作！

「透明感アップに。リゾートにも日数分持参」ホワイトショット インナーロック リキッド IXS 30ml×10本 ￥5800／ポーラ

「みずみずしくなじみ、後から重ねるものの邪魔をしない点も優秀」ホワイトショット CXS〈医薬部外品〉25ml ￥15000／ポーラ

（ シミを粉砕する最強タッグ！ ）

頼れるコウジ酸。保湿力も◎

＋

濃いシミが薄く小さく！

「初代から愛用しています」ホワイトロジスト ブライト コンセントレイト〈医薬部外品〉40ml ￥15000／コスメデコルテ

「摩擦レスに塗れる」インフィニティ アドバンスト ホワイト スティックXX〈医薬部外品〉4g ￥8000（編集部調べ）／コーセー

20〜30代のニキビ跡にも有効

美白ビギナー向きの高コスパ

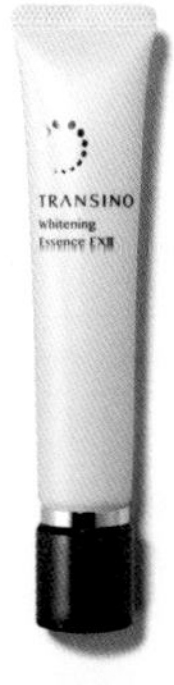

即効性を求めるなら！

美白と大気汚染による酸素不足への対応を一度に。ブライトプラス ブライトニング セラム〈医薬部外品〉30ml ￥10500／クラランス

美白成分が高浸透。トランシーノ 薬用ホワイトニングエッセンスEXII〈医薬部外品〉30g ￥4500（編集部調べ）／第一三共ヘルスケア

なめらかな使用感。シミができる要因を徹底ブロック。HAKU メラノフォーカスV〈医薬部外品〉45g ￥10000（編集部調べ）／資生堂

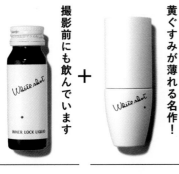

＼「予約の取れない肌診断」を公開します／

実録 石井式メソッドで肌が変わった！

石井さんが直接カウンセリングして、ケアの間違いをチェック。
石井式メソッドをフルコースで取り入れた1ヵ月をレポート！

悩 吹き出物やくすみが気になる！
最近は毛穴も目立ちはじめました。

FILE 01.
保育士
森友夕貴さん（29歳）

**キメが不ぞろいで
毛穴周りがボコボコ。**
29歳にしては
肌が痛めつけられています。

「若々しいお顔立ちですが、キメが乱れて毛穴も開いているなど肌の質感的には30代後半レベル。インナードライも進んでますね」

吹き出物が
全然
治りません……

ファンデが落とせていませんね。
クレンジングとの相性を
見直しましょう。

やはり**洗顔で
こすりすぎ**です。
あごの吹き出物は
すすぎ不足が原因。

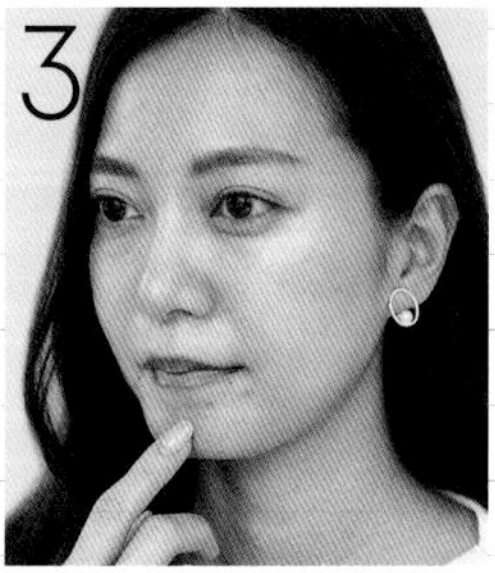

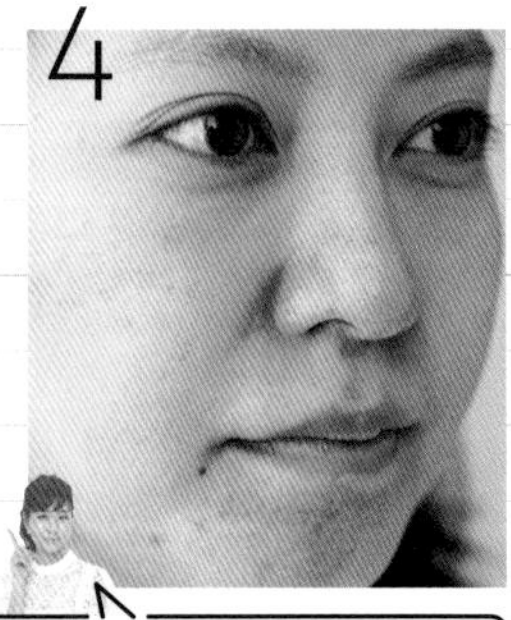

顔の右側に色素沈着が
目立つのは右利きだから。
**力を入れて
こすっています。**

＼洗顔を変えただけ！／

3 Weeks AFTER

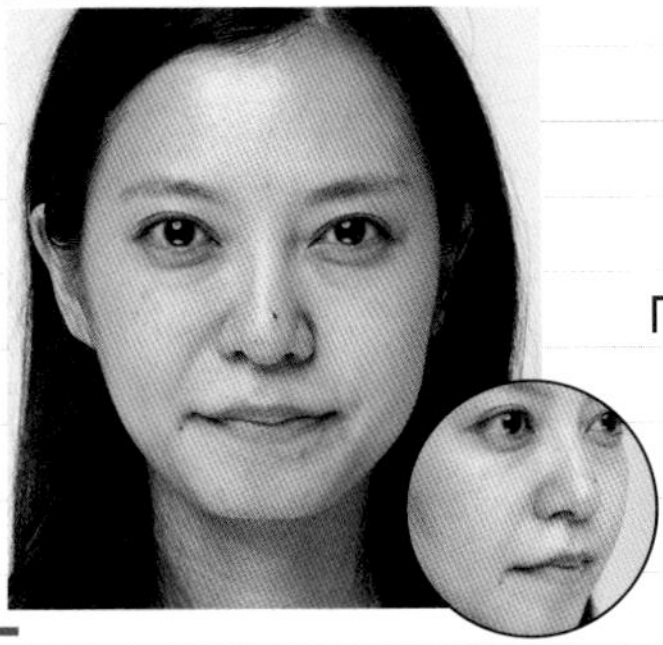

BEFORE

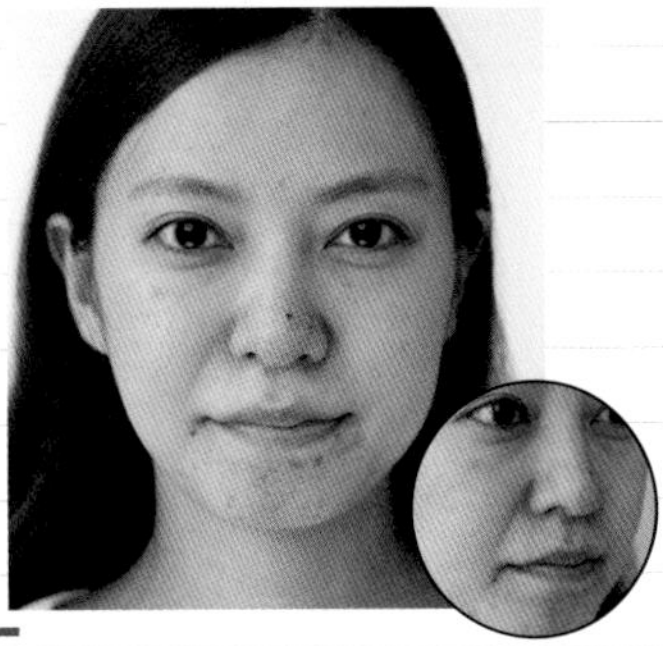

ココを
変えました！

- ☑クレンジングをファンデの濃さに合うものに変更
- ☑朝も洗顔をするように
- ☑石井式摩擦ゼロ洗顔に変更

「**赤みが減って**なめらかに。
透明感も劇的にアップ！」

赤みが減って、毛穴目立ちも改善し、透明感がアップ。全体にツヤっぽくなり、肌色が均一に。あごまわりの吹き出物も目立ちにくく&できづらくなった。メイクもくずれないように。

即効性に
驚きました！

「**毛穴と吹き出物**が目立ち、
全体的にはくすんだ印象」

頬はカサカサなのに額はベタつき、メイクくずれも激しいインナードライ肌。吹き出物が繰り返しできて、全体的にくすみも。最近は毛穴が気になるため、グリグリ強くこすって洗いがち。

結論

石井式メソッドは すぐに肌質が変化して 小顔まで手に入る！

石井さん「キメがキレイに整って、全体的に明るくなりましたね」

森友さん「自分が今までいかにこすっていたかを実感して、今では普段からこすらないよう気をつけるようになりました。すぐ効果を実感できるので、毎日、ケアするのが楽しいです！」

石井さん「表情もとても明るく、一段と素敵になられましたね。肌アイロンも上手にされているようで、成果がとても出ていますね」

森友さん「毎朝、続けていたら、みんなに顔が小さくなったと言われるようになりました」

＼肌アイロンまで
フルコースでトライ！／

人から肌を
ほめられる
ように♡

1 Month AFTER

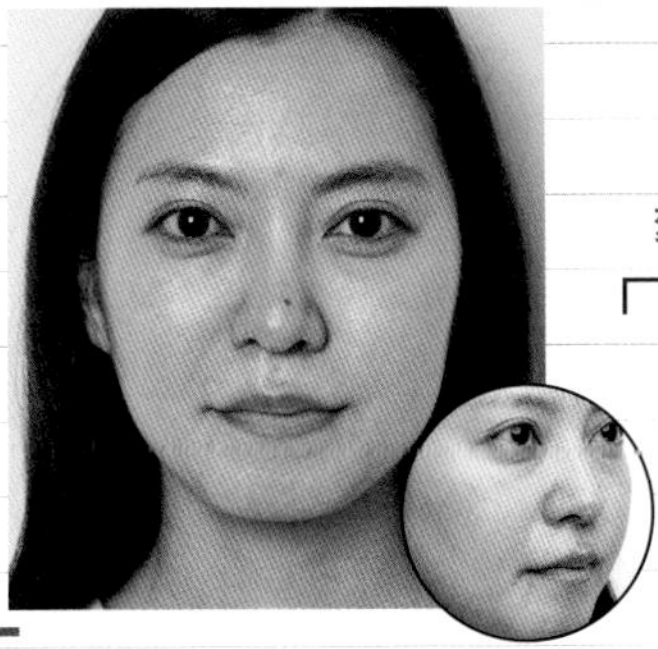

ココを
変えました！

- ☑乳液を取り入れ、20分保湿を意識
- ☑毎朝、肌アイロンを実施
- ☑酵素洗顔料で週1角質ケア

「**ほうれい線がうすく**なり、
つるんとして発光する肌に」

鼻まわりの毛穴が小さくなって一段とつるつるになり、頬の乾燥やシミも改善。肌アイロンの効果でほうれい線がうすくなり「顔が小さくなった」「目が大きくなった」とも言われるように。

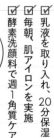

悩 肌あれがひどくてゴワゴワ。ファンデを1年、塗れていません！

FILE 02.
自営業
田中千歳さん（38歳）

1 Week AFTER

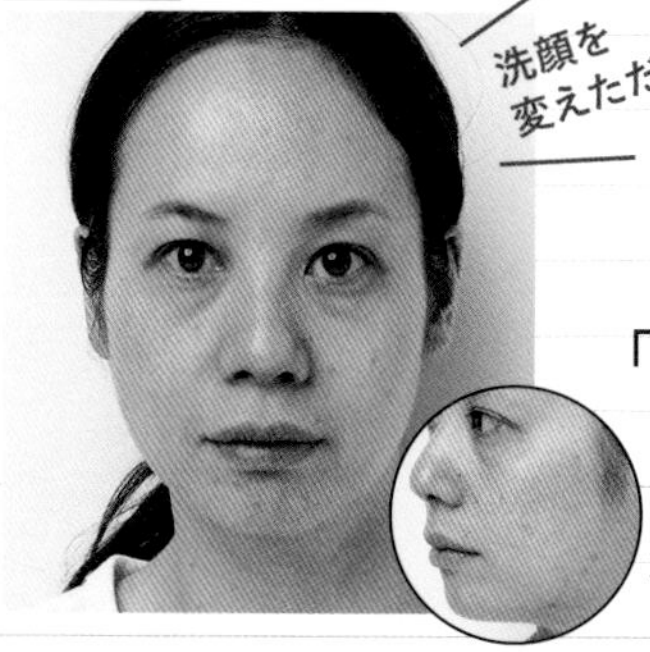

洗顔を変えただけ！

BEFORE

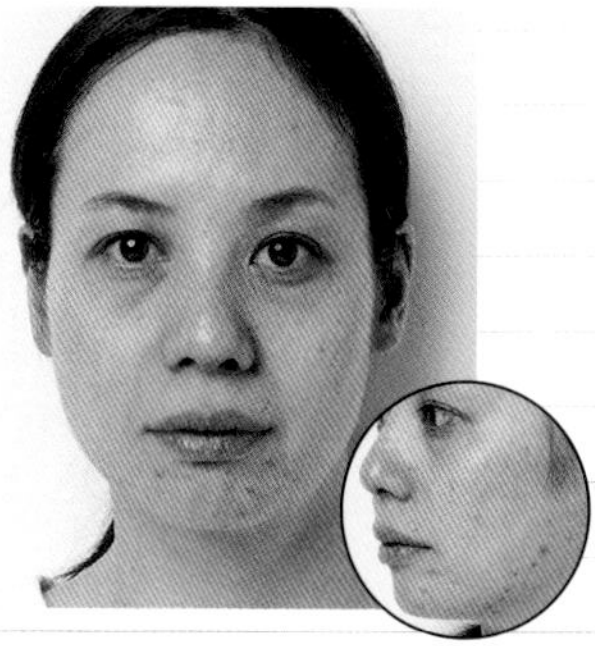

ココを変えました！

- ☑ ジェルクレンジング↓ミルククレンジングに変更
- ☑ グリグリこすり洗い↓摩擦ゼロ洗顔に変更
- ☑ すすぎの回数を10回↓30回以上に

「肌が揺らぎにくくなってきた！赤みもうすれてツヤもアップ！」

炎症による赤みが引き、肌色が均一に整ってきた。また、明らかに色ツヤがよくなり、健康的な印象に。洗顔後のつっぱり感や日中のテカリも気にならず、ファンデを1年ぶりに塗れた！

肌にやさしく触れるようになりました！

「全体的にカサついていてツヤがなく、くすみも目立つ」

もともと肌が弱くてあれやすく、フェイスラインを中心に吹き出物も多発。今は、これ以上悪化させないように、ファンデをお休み中。いろいろ試行錯誤しているが、乾燥は悪化する一方。

結 論

深刻だった肌あれが改善！さらに若返りまで叶いました

石井さん「スキンケアとともに、糖質を控えるなど食事の見直しもしていただきましたよね。その成果が出ていますね！」

田中さん「はい！ 洗顔を変えただけで、肌が激変したのに感動して、その後の食事改善もワクワクしながらできました。おかげさまで、ここ数年で最高の肌調子です！ ファンデを塗れるようになったし、ゴワゴワだった肌が柔らかくなったのにもびっくり。今までダムで堰き止めていたのかな？と思うぐらい、化粧水の入り方も違います。正直、肌質の改善が精一杯だと思っていたのに、たるみまで改善できて幸せです！」

1 Month AFTER

肌アイロンまでフルコースでトライ！

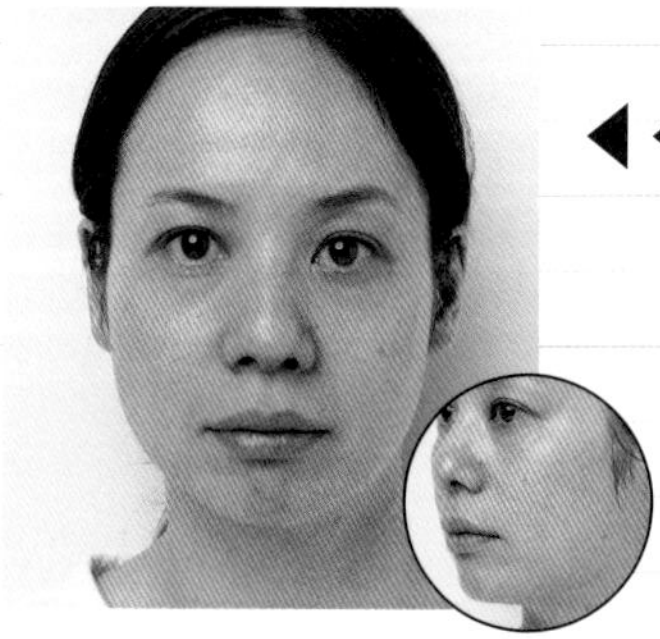

「吹き出物がどんどん消えて、柔らかくてなめらかな肌に」

フェイスラインのもたつきがとれて、目の下のたるみも改善、全体的に若々しく。吹き出物もできにくくなった。キメが整って、触れると柔らかく、化粧水がぐんぐん入る肌に。

肌質が改善したうえ、小顔に！

第3章

MIHO ISHII
SKIN CARE METHOD

＼石井式なら結果が出る！／

お悩み別スキンケア

あきらめないで！

毛穴とシワ・たるみは専用ケアで改善します

「毛穴悩みは生まれつき」
「シワとたるみは出てしまってからでは、もう手遅れ」
そうやってあきらめている方がたくさんいらっしゃいますが、
今からでも、いつからでも、全然、間に合います。
なぜなら私自身、長年の毛穴悩みを克服し、30代よりも
40代の今のほうが、肌が若々しくていい状態と自信をもって言えるから。
ここでは、そんな私がみずからを実験台に試行錯誤してたどり着いた、
お悩み解消のためのスキンケア法を伝授します。
もちろん、その効果は私のカウンセリングに来られた
多くの方の肌でも実証済み。
今までお伝えしてきた〝摩擦ゼロ洗顔〟と〝20分保湿〟とともに
ぜひ試していただきたい、オリジナルメソッドです！

私も30歳まで毛穴が
パカーンと開いていました

私自身、メイクを始めた10代後半からずっと毛穴に悩んでいました。
当時流行っていた洗浄力の高いクレンジングオイルを使って
いたのですが、日に日に乾燥がひどくなり、角栓が出現。
そうなると、取り除きたい一心でゴシゴシ洗い、
高温シャワーでのかき出し、頻繁な毛穴パック、指やペン先での押し出し、
ピンセットで引き抜くなど、ありとあらゆることを試しました。
でも、かえって角栓が増え、毛穴が開くという悪循環に突入。
その後、摩擦ゼロ洗顔に変えたところから、状況が一変！
毛穴が目立たなくなるまで1年はかかりましたが、
今では〝毛穴レス肌〟と言っていただけるまでになったのです。

いますぐSTOP!

毛穴をひろげるNG集

目立つ毛穴をどうにかしたい！という思いから、あれこれしがちだけど、
改善するどころか、かえって悪化させることに。その具体例をチェック！

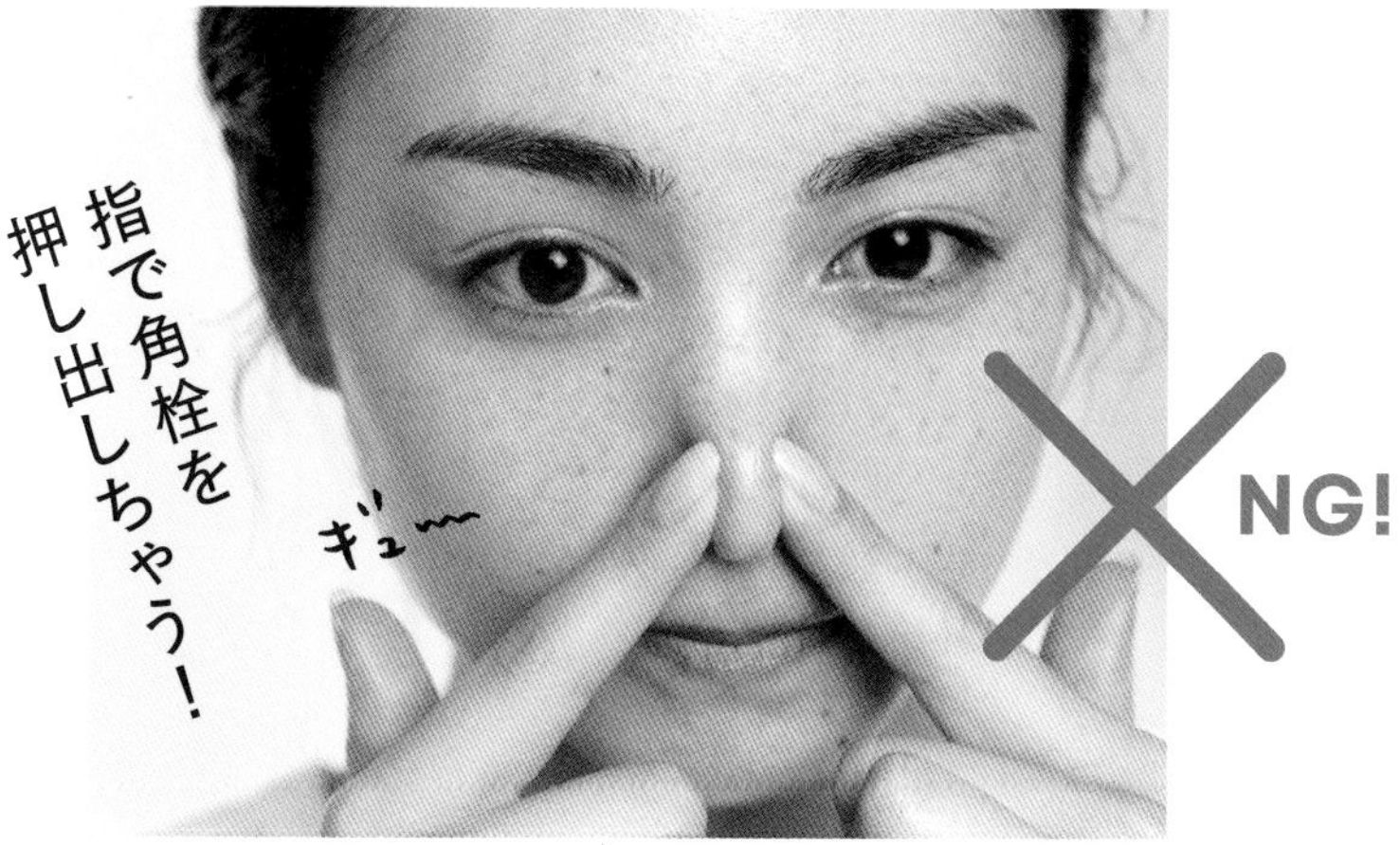

激落ちオイルクレンジングで根こそぎオフ

洗浄力の高いオイルでマッサージしながらのクレンジングは、肌の中のうるおいまで奪うため、肌が乾いて硬くなり、毛穴目立ちが悪化！

洗顔ブラシでゴシゴシ＆高温シャワー

洗顔時の摩擦やシャワーの高水圧によって肌は硬くなり、詰まった角栓がかえって取れにくい状態に。高温により、うるおいも流出。

頻繁な毛穴パック＆ピンセットで角栓の引き抜き

角栓が許せなくて毛穴パックを頻繁にやったり、残った角栓を指で押し出したり、ピンセットで引き抜いたり。すべて刺激になります！

油分過多を避けたくて、スキンケアの油抜き

皮脂が過剰に出ることで毛穴が目立つという思いから、乳液やクリームなど油分を含むものを省く人も。もちろん乾燥が進んで逆効果。

石井式毛穴ケアプログラム

メイクの濃さに合わせた洗浄力でやさしくオフ

クレンジング

P.34へ

▼

泡で毛穴の汚れを押し出すモフモフ洗い

洗顔

P.30へ

▼

硬くロックされた毛穴まわりの肌を柔らかく

週1～2回の角質ケア

P.42へ

▼

毛穴の角栓や黒ずみ汚れをやさしくオフ

毛穴専用コスメ

▼

たっぷり水分を与えてしなやかにほぐす

ローション

P.54へ

▼

水分＆油分バランスを整えて柔肌に

乳液

P.62へ

▼

皮脂の過剰な分泌を防ぐための大切なフタ

クリーム

P.66へ

毛穴専用コスメ

caution!
ここが我慢のしどころ。強くこすったり無理に出そうとすると振り出しに戻ります。汗をかくなどして、自然に角栓が排出されるのを待って。

毛穴ケアは、肌を柔らかくすることが大前提。まず洗顔・クレンジング、基本的な保湿を石井式にスイッチし、角質ケアにも取り組みましょう。すると、毛穴まわりの肌が柔らかくなり、角栓がニョキニョキと飛び出してきます。ここが毛穴専用コスメの始めどき。私は1年かかりましたが、続ければ必ず改善します！

（ 詰まりを予防 ）（ 詰まりを取る ）

A「1本使い切ってみて！」洗い流すタイプ。ポア ピューリファイング エフェクター N 50ml ￥3800／SUQQU
B「とろみ化粧液と技ありコットンで、毛穴トラブルの元までオフ」なめらかな肌に。ベネフィーク リセットクリア 150ml ￥3800、同 ダブルフェイスコットン 180枚 ￥700（編集部調べ）／資生堂

私はコレで
消しました！

コットンはヒタヒタに
2枚重ねてやさしく！

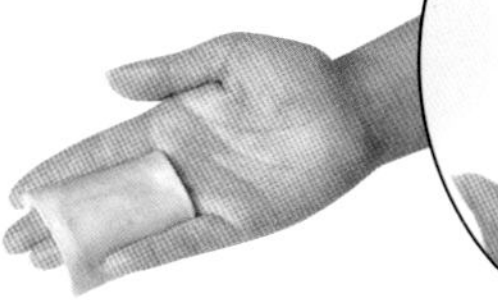

ヒタヒタ

鼻やあごなど毛穴が目立つ部分だけ！

美容液を含ませたコットンと乾いたコットンを重ねて圧を分散。美容液側を肌にあてやさしくすべらせて。

実は対策法は同じです！

シワ、たるみ、ほうれい線に効く3つの習慣

「石井さんって、どうして老けないんですか？」

そう聞かれることがあります。

それはきっと、〝摩擦ゼロ洗顔〟に加え、続けてきた〝肌アイロン〟のおかげ。

考案したのは、「このままむくみを放置したら、肌がたるむ！」という危機感を持ち始めたアラサーの頃。当時、ゴリゴリと強く流すマッサージが流行っていたのですが、それが肌のたるみを招くという事実に気づいたんです。

そして、ちょうどそのタイミングでテレビで見て印象に残ったのが、あるお母さんが病気の我が子の肌を、愛情をこめてゆっくりなでる姿。

肌を慈しむ大切さを痛感して以来、強めのマッサージは封印し、一日1回、肌をやさしくなでて、たるみなどをリセットする〝肌アイロン〟が生まれたのです。

また、衰えた顔の筋肉を鍛え直し、悪いクセは正すことも意識。

さらに顔とつながる頭皮にも手をかけることで、ケア効率がアップしました！

ひとつずつでいいので、できることから始めてみてください。

肌の表面はラップ一枚
の薄さ。ラップがよれない
イメージで、やさしく！

習慣 ①
肌アイロン

ハリ肌を育てる毎日のリセット習慣

水分や老廃物が溜まってむくみになり、それがやがてたるみに。一日1回、
肌アイロンできちんと流して、落ちてきた肉を元の位置に戻してリセット！

肌アイロン5つの法則

1. 毎朝行う

夜でもOKですが、顔のフォルムが整って透明感も上がるため、朝ケアに組み込んで。何度もするのはやりすぎなので、一日１回まで。

2. 乳液を塗るついでに

指すべりがよく比較的お手頃な乳液は、肌アイロン向き。500円玉大の乳液でなじませついでに行い、すべりが悪くなったらつけ足して。

3. 極弱い圧で。こすらない

母親が我が子をやさしくなでるような動きが、肌アイロンの原点。肌の表面はラップのように薄いことを意識して、とにかくやさしく！

4. 使うのは薬指&小指

力が入りにくい薬指と小指を使って摩擦防止。指先を避けて、乳液を手のひら全体に広げたら、薬指と小指を揃えてすべらせて。

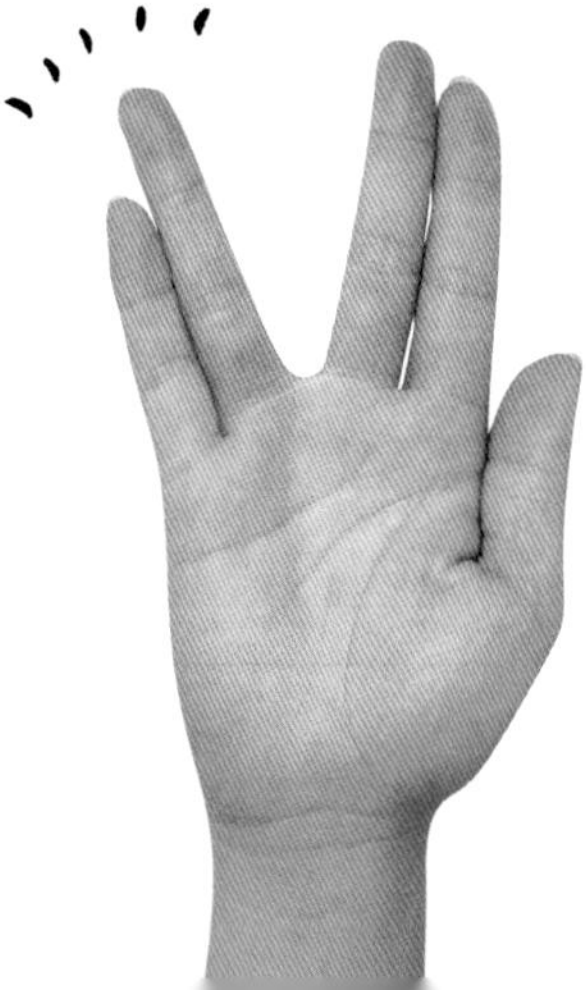

5. ローションでたっぷりうるおしてから行う

化粧水がこれ以上、肌の中に入らなくなるまで入れ込んでおくこと。肌表面がぬるぬるになり、肌アイロンをする際の摩擦の予防に。

肌アイロンの基本動作

効く場所：フェイスライン、ほうれい線

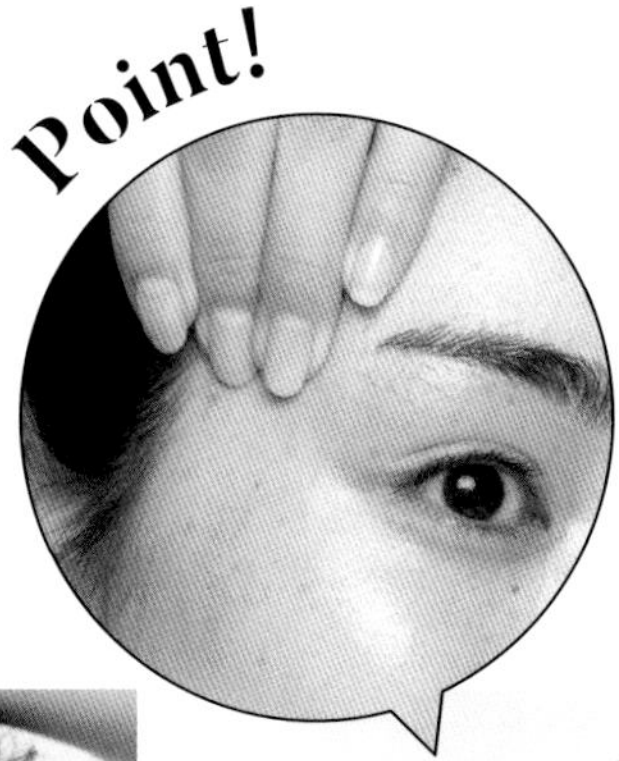

**ピンと張って
肌をたるませない！**

こめかみをピンと引き上げないと、お肉と一緒にシワがより、いずれ本当のシワに。

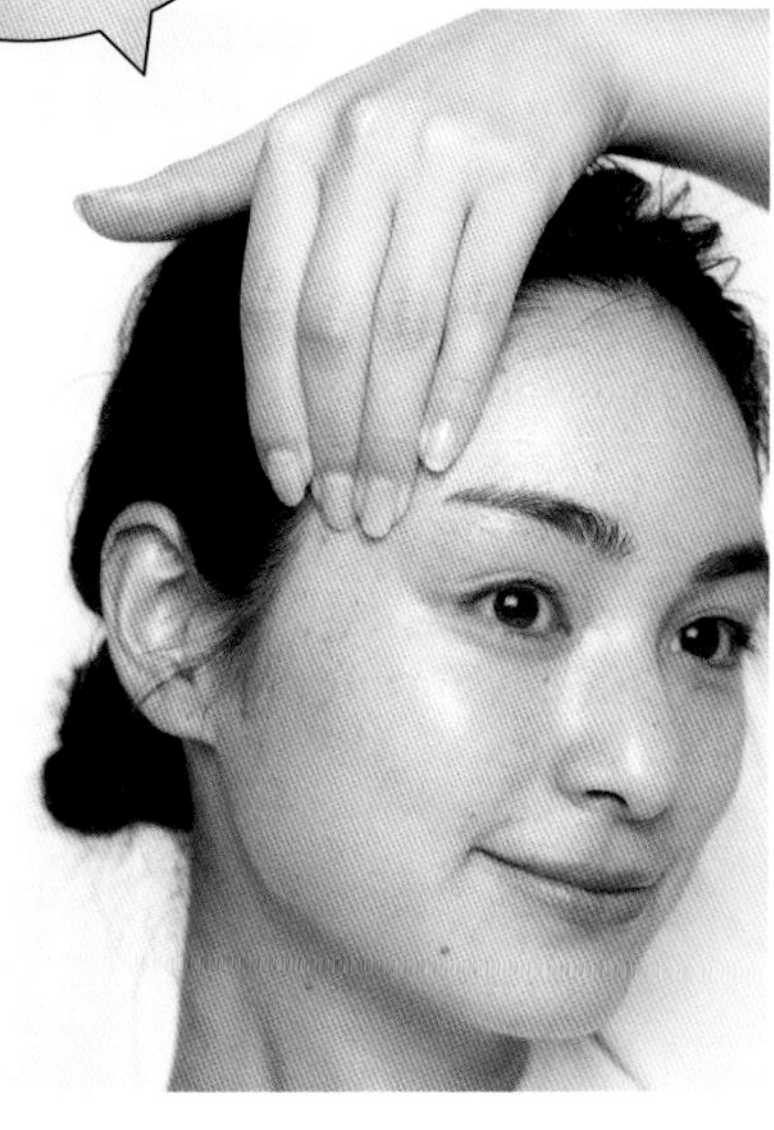

ほうれい線やフェイスラインのもたつく肉をすくいあげる

左手を右こめかみにあて、右のほうれい線が薄くなるくらい引き上げてキープ。右手の薬指と小指をほうれい線からあごにかけてあて、もたつく肉をすくう。

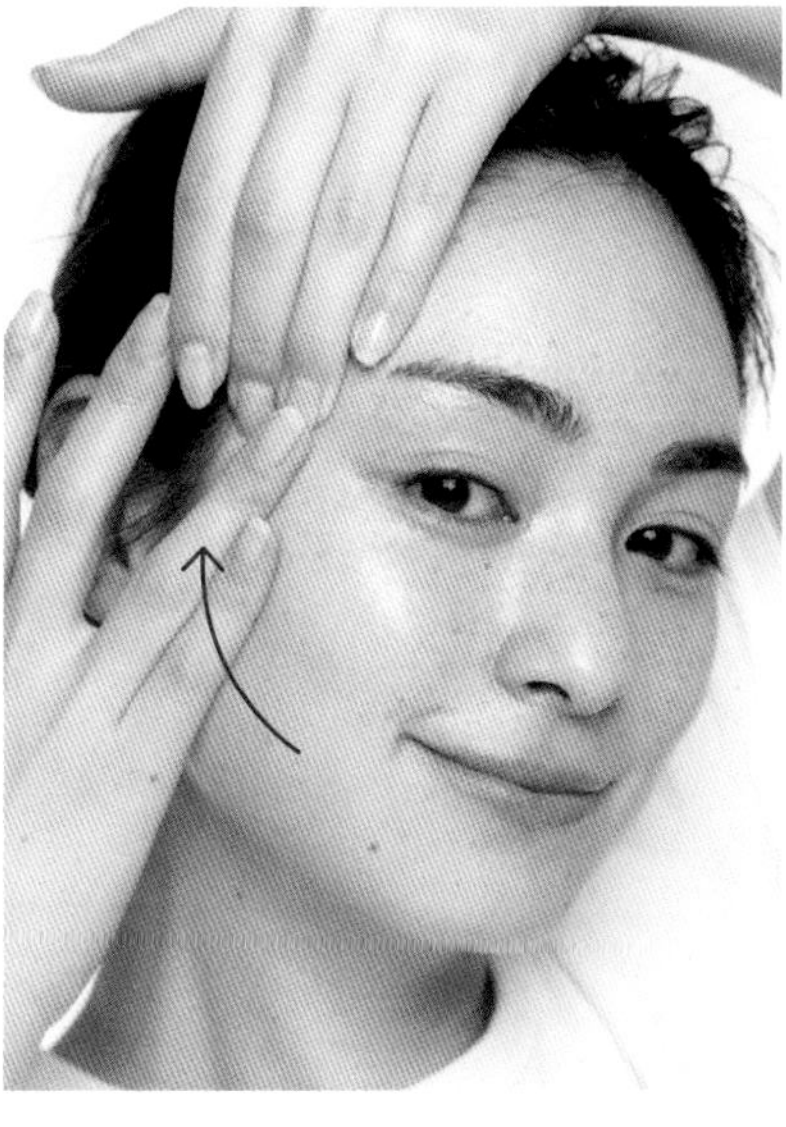

もたつく肉をこめかみまでスーッとやさしく流す

薬指と小指の中におさめたお肉を逃さないように、こめかみまでスライド。こめかみに移動してきたお肉を左手で押さえ直す。左右10回ずつ繰り返す。

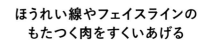

肌アイロン 目元

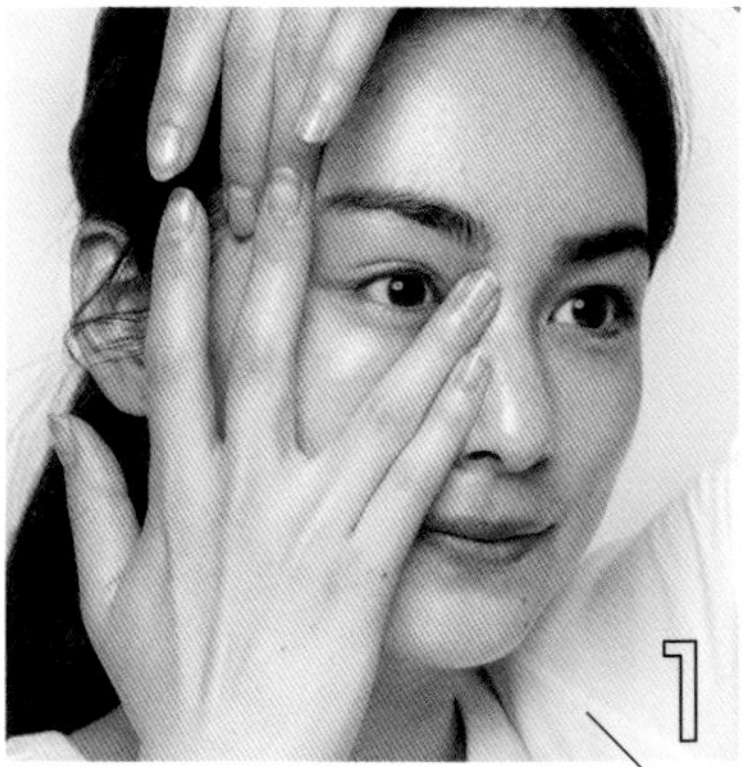

たるみやすい目の下は 鼻のキワからスタート

目元のシワがのびるように左手でこめかみを押さえる。右の眉頭の下から鼻のキワにそって右手の薬指と小指をセットし、目の下のもたつくお肉を指の中へ。

目のキワにそって 極めて弱い圧ですべらせる

薬指と小指を肌に密着させたまま、たるんだお肉を逃さないようこめかみまですべらせ、移動してきたお肉を左手で押さえ直す。左右10回ずつ繰り返す。

肌アイロン おでこ

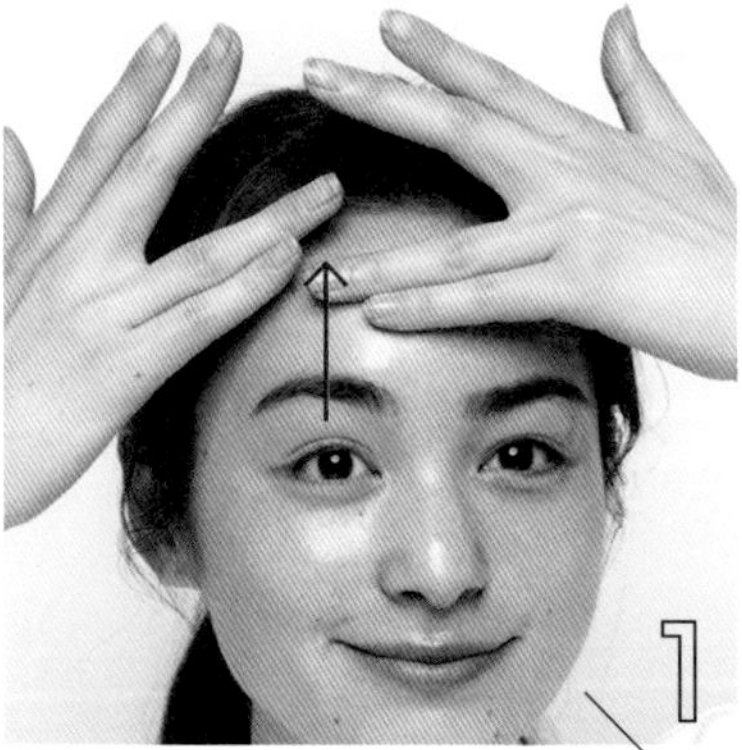

目がパッチリ開くように 下から上へすべらせて

眉頭の上に薬指と小指を揃えてあて、生えギワへ引き上げるように下から上へ指をスライド。この動きを両手で交互に繰り返す。

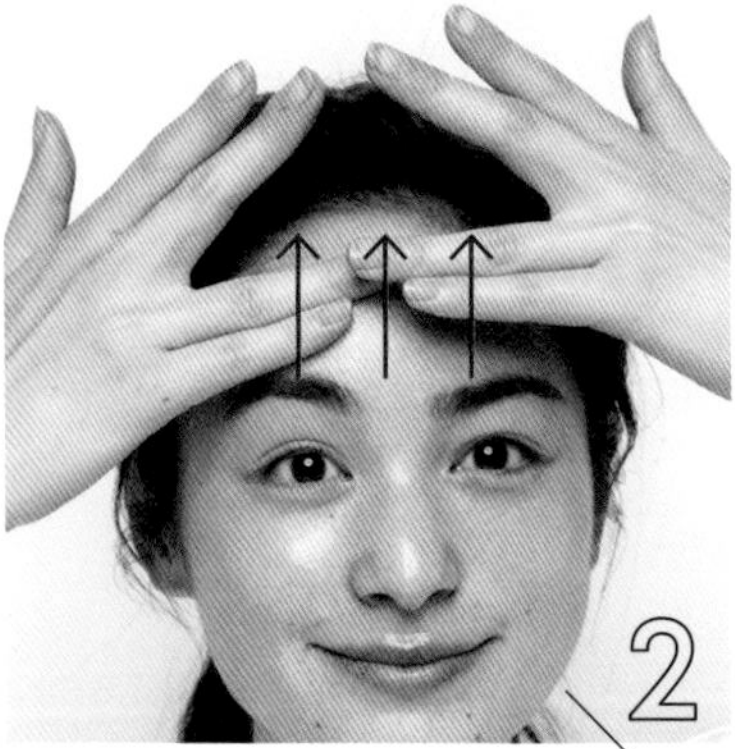

おでこの端から端まで 繰り返し、シワのばし

眉上に落ちてきたお肉を元に戻すイメージで、1の動きをおでこの端から端まで繰り返す。まぶたの上のもたつきがとれて、おでこのシワも目立ちにくく。

肌アイロン 首元

1

首をのばした状態でもたつくお肉を流す

乳液を追加し、手のひら全体になじませる。上を向き首をピンとのばした状態で、あご下のもたつくお肉を手のひらにおさめ、少し圧をかけながら首元へ流す。

▼

2

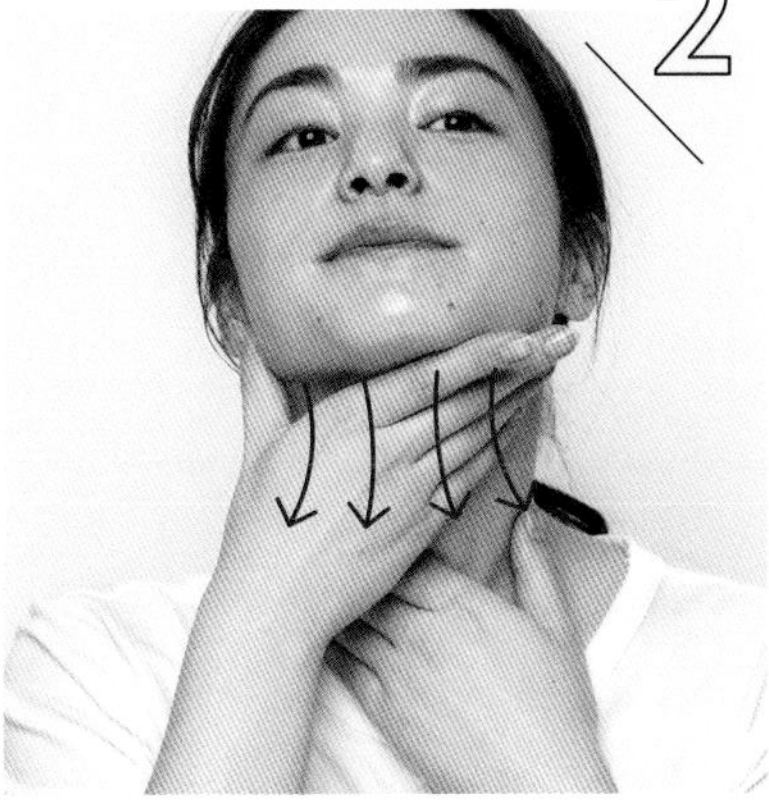

首のシワが目立たなくなるまで繰り返す

首は顔よりも圧をかけてしっかり流してOK!　右耳の下から左耳の下まで少しずつ位置を移動しながら、首のシワが目立たなくなるまで繰り返して。

▼

3

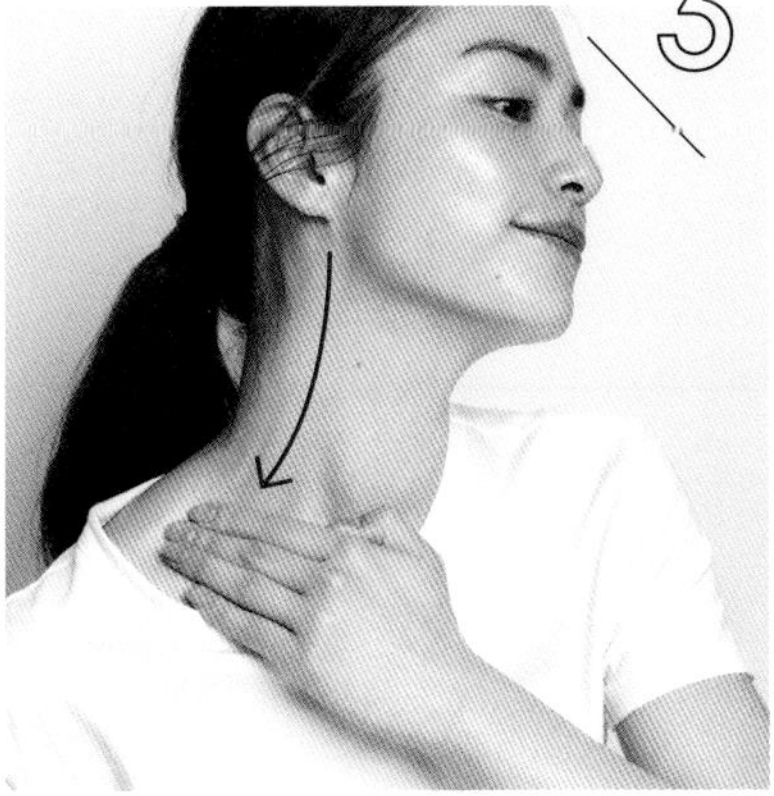

シワが薄くなったら、鎖骨の下に流す

首のサイドにある太い筋肉にそって、耳の下から圧をかけて流し、鎖骨のくぼみを押す。反対側も同様に流し、老廃物をリンパの流れにのせ排出を促す。

習慣 ②

表情筋をきたえる

スマホ時代の弊害。若くしてたるむ人が多すぎます!

SNSやスマホの影響で私たちがおしゃべりする機会は確実に減っています。
それにともない、表情筋を動かす頻度が減り、表情筋が衰えることで、
肌はたるみ、あごまわりのお肉がもたついて、輪郭も曖昧に。
実際、まだ30代なのに輪郭のシルエットがくずれている人が多い!
エイジングケアの一環として表情筋のトレーニングを始めましょう。

いういう体操

顔を大きく動かして
表情筋をトレーニング!

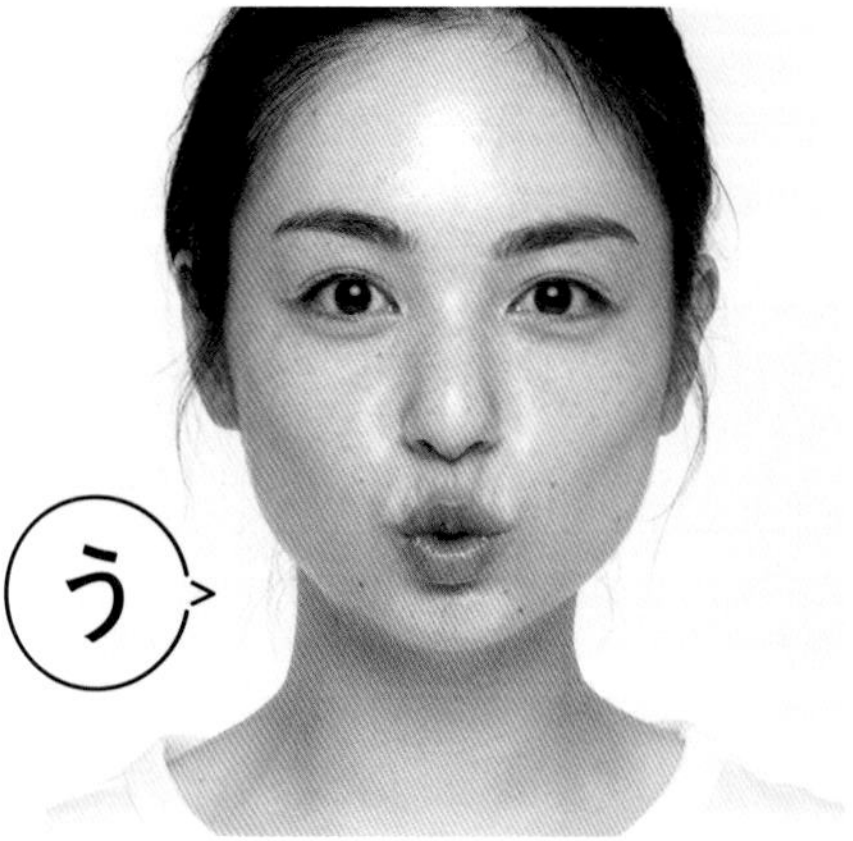

次に口を思いっきりすぼめて〝う〟と発音する。〝い〟と〝う〟を繰り返す。顔の筋肉が疲れてきたら、効いている証拠!

口まわりはもちろん、顔全体を大きく動かすイメージで、〝い〟と発音する。口角は斜め上へ引き上げ、笑顔をつくるようにすると◎。

この表情グセが
"老け印象"をつくります

今あるシワやたるみは老化によるものだけではなく、普段、無意識にしている表情やクセの影響も大。気づいたときに正すだけで違います！

舌を置く位置でアゴがたるむ

口を閉じた状態で、上あごに舌が全体的にくっついているのが正解。舌先は前歯の根元近くにある膨らみを触っている。舌が上あごから離れて下がっていたり、舌先が前歯に当たっているとたるみの原因に。

（監修：アトラスタワー歯科院長 藤田博紀先生）

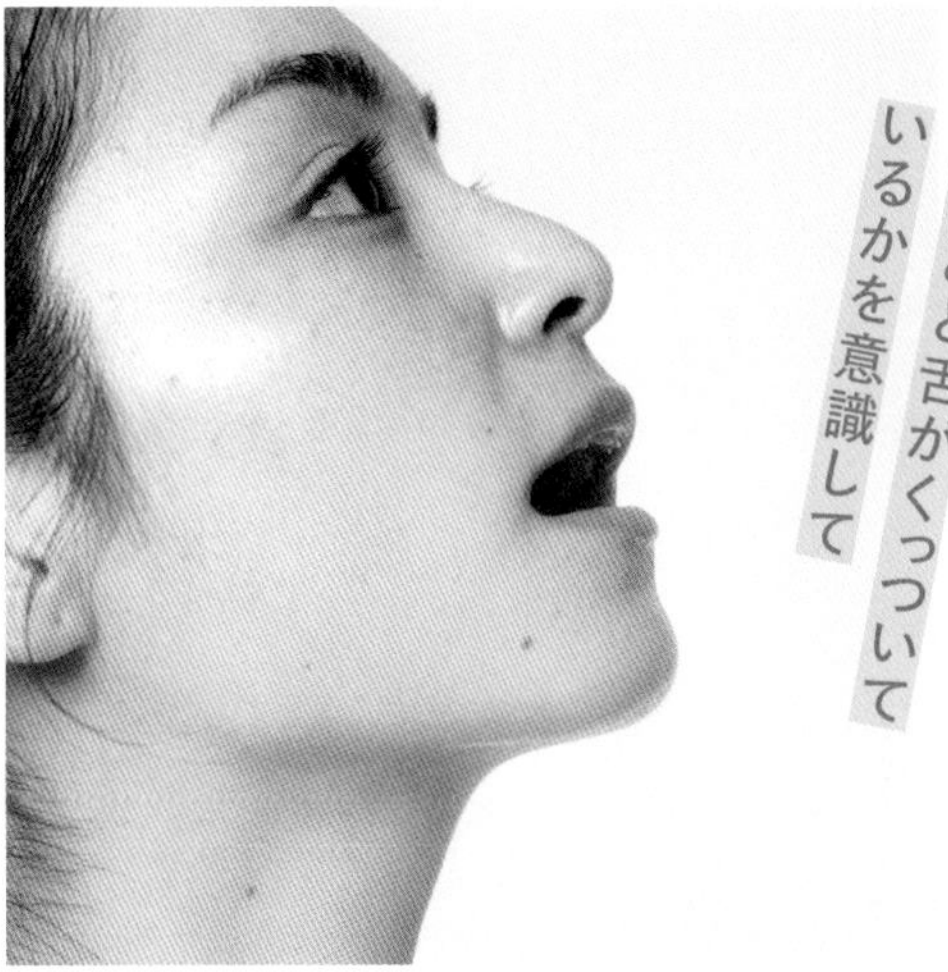
上あごと舌がくっついて
いるかを意識して

えー
やばーい

NG!

眉間のシワ、おでこのタコジワをつくる大袈裟な表情

眉間やおでこのシワは、驚いたり、喜んだり、集中しているときにシワを寄せるクセが原因になることも。話すとき、集中して見るときに、額や眉間を動かさないよう意識を。

習慣 ③

頭皮ケア

顔と一枚皮でつながっているからこそ、ケアは必須

実は私、数年前までは、真剣には頭皮ケアをしていなかったんです。
でも、ある日チェックをしてみたら、頭皮が硬すぎて
血流がよくないことが判明。髪のエイジングに関わるだけではなく、
顔と一枚皮でつながっていることを考えると、頭皮ケアの必要性をあらためて痛感。
シャンプーするときに毛穴を動かすように洗ったり、こまめにツボ押しを
するようにしたところ、ほうれい線が薄くなり、フェイスラインがすっきり。
夕方のくすみも一瞬でパッと晴れるので、今では欠かせないケアに。

A「シャリシャリ感が気持ちよいスクラブ。頭が軽くなる」ヘッドスクラブ グリーン・ローズ 300g ¥4400／SABON Japan
B「シャンプー前に使うプレオイルで栄養補給。髪にハリも」ピロードオイル アーバン アーユルヴェーダ 30mℓ ¥4800／AMATA
C「私は2個持ちでマッサージ。気持ちよくほぐせます」ウカスカルプブラシ ケンザンソフト ¥2000／uka Tokyo head office

＼気づいたら何度でも／

ほうれい線が薄くなる!?
リフトアップのツボ

シャンプー時にはもちろん、日中も“落ちてきた”と感じたら、プッシュ。
私が撮影前に必ず、肌アイロンとセットで行うリフトアップテクです！

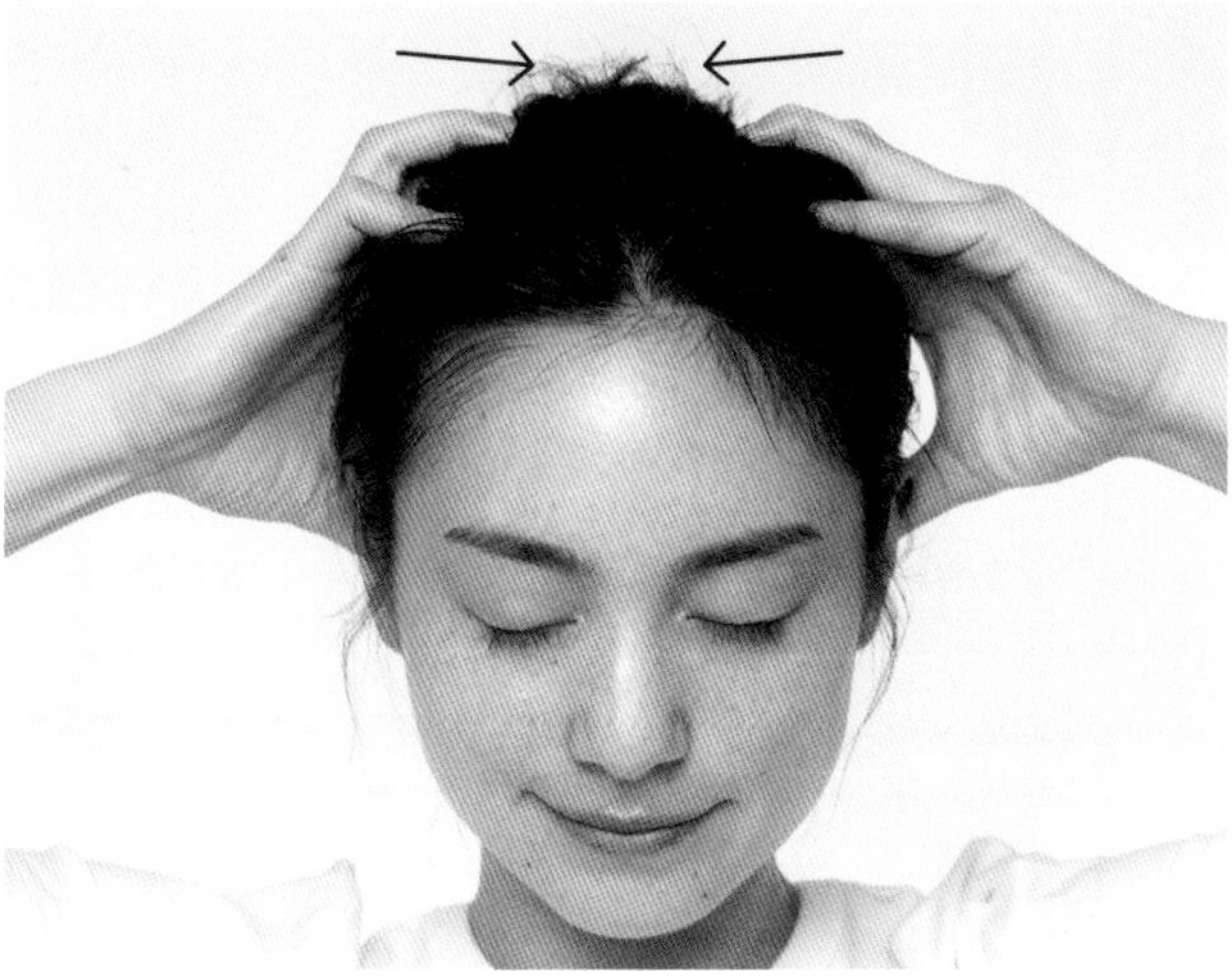

頭の中心から指を左右にすべらせると、すぐに少しだけくぼんでいる部分があります。これが通天《つうてん》。そのくぼみを、頭皮を寄せながら強めにプッシュ。後頭部へ向かい、くぼみにそって繰り返して。血流がアップして老廃物が流れやすくなり、リフトアップにつながります。

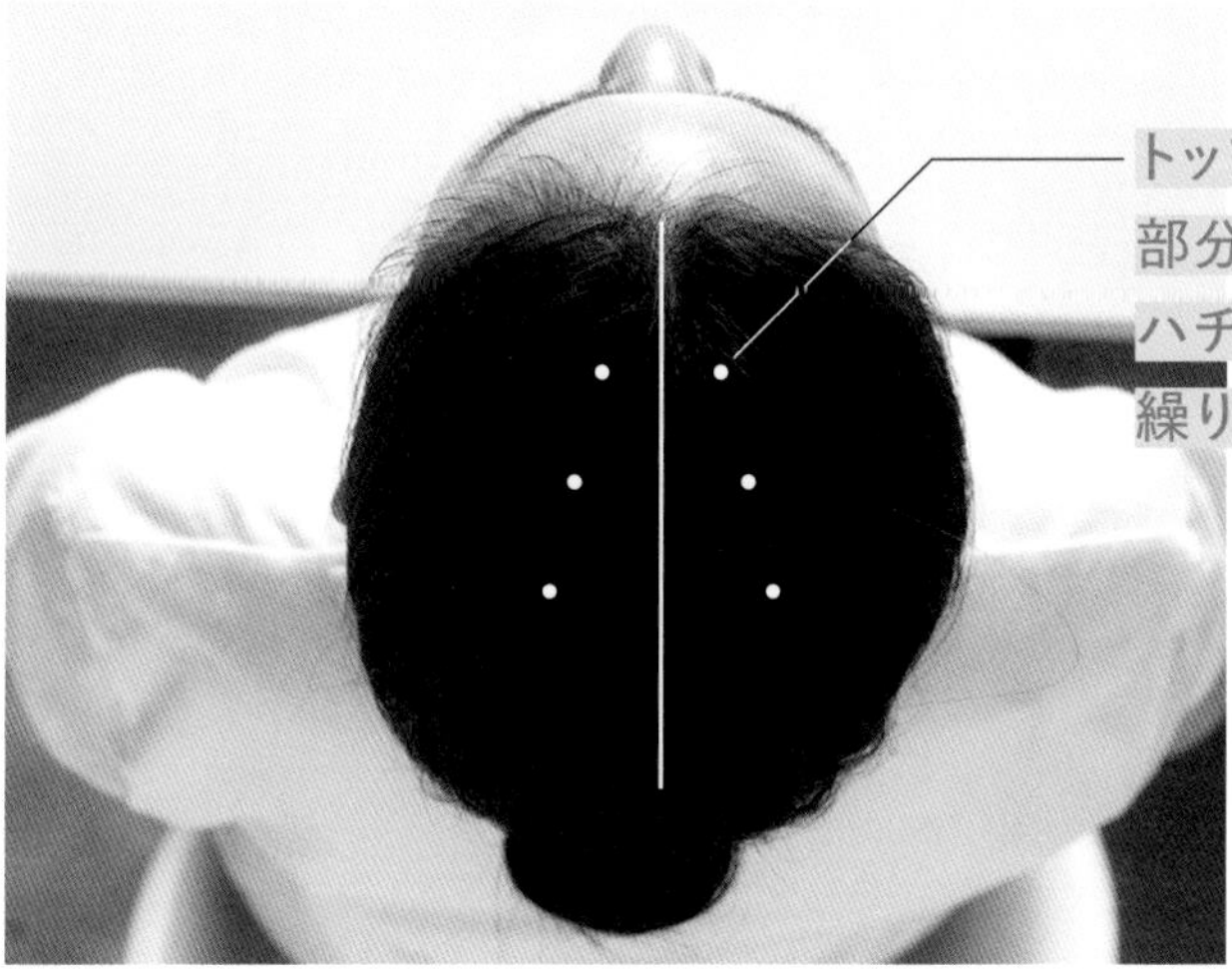

トップのくぼんだ部分をプッシュ。ハチ上付近まで繰り返して！

RECOMMENDED AGING CARE

石井美保のシワ・たるみ悩み
スタメンアイテム

肌アイロンはお手持ちのアイテムでもできますが、悩みに特化したアイテムを使うことで効果が倍増！　シワやたるみの改善を狙えるコスメをご紹介します。

INFINITY

シワ

肌の上でとろけて スッと浸透 ムチッとした肌に

表皮と真皮の両方に働きかけ、シワを改善。ゆるんだ肌を引き締める。インフィニティ インテンシブ リンクル セラム〈医薬部外品〉40g ￥11000（編集部調べ）／コーセー

IPSA

たるみ

引き上げ力が抜群！ 肌調子も整います

表情筋の衰えによるたるみに着目。肌の中をうるおいとハリで満たすとともに、表情筋が動きやすい状態に。クリーム アルティメイト〈医薬部外品〉30g ￥20000／イプサ

Red B.A

たるみ

たるみの原因となる むくみにしっかり対応

ストレスの影響でむくみが発生し、コラーゲン強度が下がってたるむことに着目。洗い流し不要のマスク。Red B.A コントゥアテンションマスク 85g ￥12000／ポーラ

ORBIS

シワ

するするのびて シワをケアし、 肌色まで明るく！

シワ改善と美白の効果がダブルで認められた有効成分を配合。みずみずしいテクスチャーで顔全体に心地よくのばせる。リンクルホワイトエッセンス〈医薬部外品〉30g ￥4500／オルビス

Obagi

たるみ

こっくり濃密で ふっくらとリフト

とろけるようになじんで、しっとりうるおしながら肌の内側からハリと弾力をケア。ボリュームとツヤのある肌に。オバジX リフトエマルジョン 100g￥5000／ロート製薬

第4章

MIHO ISHII
SKIN CARE METHOD

めぐりをよくすると美肌になる！

インナービューティ

栄養が行き渡り、
きちんと排出できること。
私のテーマは
〝全身めぐりよく〟です

たとえ、どんなに高機能なコスメを使い続けたとしても、
栄養価に優れているというスーパーフードを食べたとしても、
体の中がめぐっていなければ、十分な効果は期待できません。
逆に、めぐりがよければ、コスメの能力を最大限に実感でき、
優れた栄養素が体のすみずみまで行き渡り、
そのパワーを実感できる。これは、私がみずから
いろいろ試して、身をもって感じたから言えること。
だから今、私が目指しているのは、頭の先からつま先まで、
常にめぐりのよい体。さらに、体内に老廃物という不良債権が
溜まっていたら、〝イイ変化〟という新しい風は吹かないから、
要らないものをきちんと排出できる体でいることも大切。
そのためには、体の中へのアプローチが不可欠なのです。

INNER BEAUTY —— 01

水 WATER

新鮮な水を入れて 不要な水は出す！

「シリカを含む超軟水。ほの甘くて◎」飲む温泉 観音温泉 500ml ￥190／観音温泉

水は体にスーッとなじんでいくものをチョイス。
一日1.5ℓを目安にちょこちょこ飲んで補給します。
また、トイレにこまめに行って、
毎晩お風呂で汗をかき、要らない水をデトックス。
続けていたら、以前よりも明らかに体調がよくなり、
冷えも改善。むくみにくくもなりました。

※一日の適量には個人差があります。汗をかく量や代謝量で変わります。

INNER BEAUTY —— 02

油 OIL

シワがつきにくい
つややかな肌のために

A B「ココナッツ花蜜のやさしい甘みが美味しい」オメガ9を含有。137degrees アーモンドミルクラテ、同 アーモンドミルクオリジナル 180㎖ ¥160／HARUNA
Cオメガ3と9がイン。スープにもOK。プレミアム エキストラバージン カメリナオイル 250㎖ ¥3800／O.I.L. FARMACY
Dオメガ9が多く栄養豊富なピスタチオから抽出。抗酸化力も◎。ピスタチオオイル 100g ¥3900／フレスコ

肌の乾燥を防ぎ、しなやかさとツヤをもたらす。
そんな自前のオイル＝皮脂を生み出すためには、
材料として良質なオイルが必要。
朝、スプーン1杯のオメガ3&9オイルを摂取し、
避けてきたお肉も意識して摂るように。
おかげで一年中、全身、乾燥に悩まなくなりました。

INNER BEAUTY —— 03

美肌スープ

肌のハリと保湿力を高める、〝食べる美容液〟です

時間に余裕があるときには、ストレス発散も兼ねて
スープをつくります。中でも、美肌目的でつくるのが
白きくらげを使った薬膳スープ。
グツグツ何時間もかけて煮込むので、
手間はかかりますが、食べると肌がぷるんと好調に。
スープは消化がいいので、胃腸を休めたいときや
ダイエットのおともにもぴったりです。

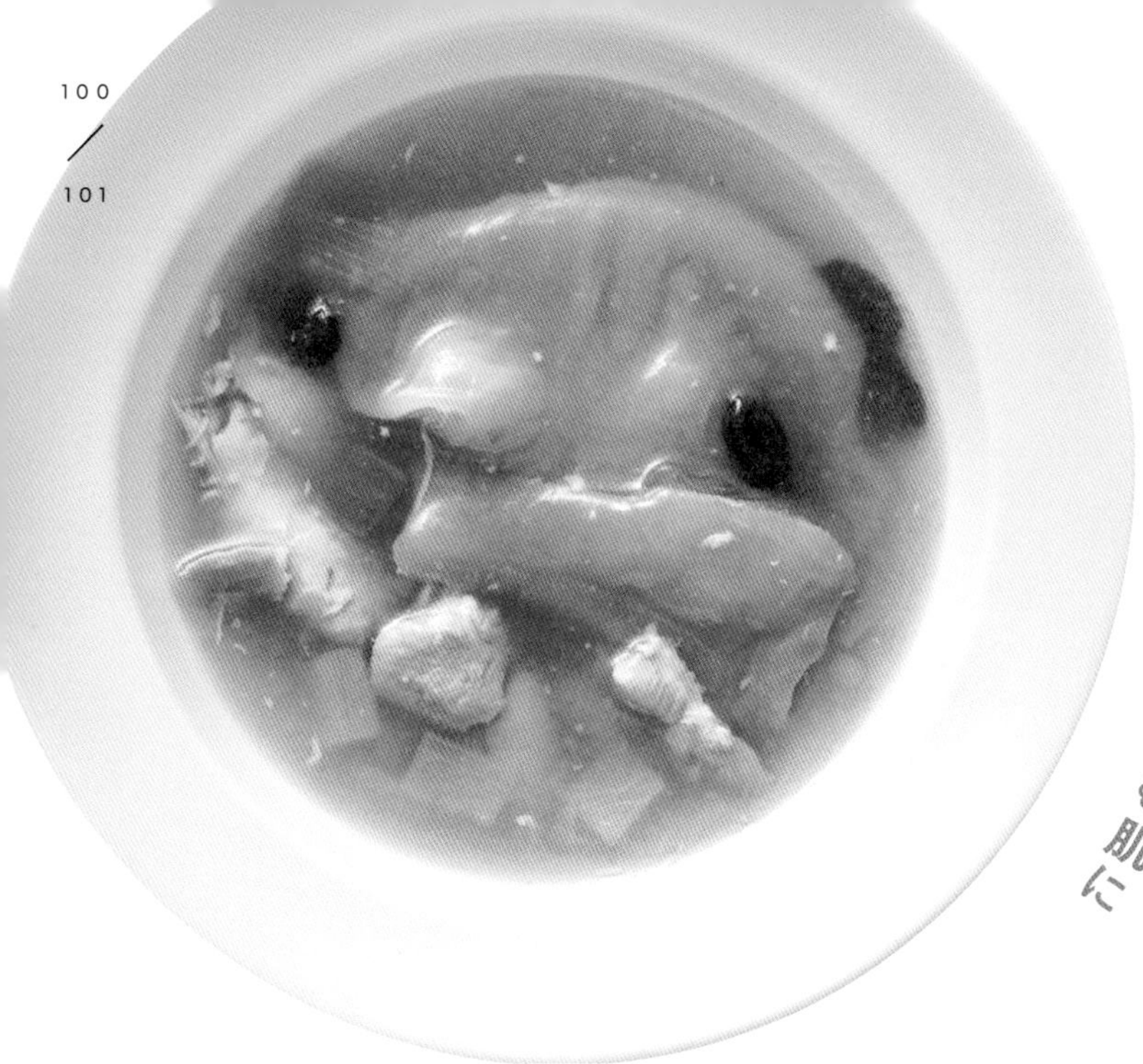

体も心も芯から温まり、ぷるんと弾む肌に

RECIPE

材料（つくりやすい分量）

白きくらげ（国産のもの）……15g
鶏手羽元 ……………………10本（約600g）
白粒コショウ ………………約20粒
長ネギ ………………………2本
クコの実 ……………………約20粒
塩……………………………適量
ごま油………………………少々

1. 白きくらげに熱湯をかけて臭みと汚れを取る。
2. 手羽元を皮から焦がさないように炒め、出てきた脂をキッチンペーパーで吸い取る。
3. 表面に火が通ったら、鍋に**1**と**2**と水（1200cc）、白粒コショウを入れ、2時間ほど煮込む。途中、水をつぎ足し、白きくらげがトロプルになればOK。
4. 3cmの長さに切った長ネギとクコの実を入れて、再度沸騰したら火を弱める。塩で好みの味に調え、ごま油をひと垂らししてできあがり！

実はこのレシピ、私のサロンに通う50代のお客様が白きくらげを食べて肌の弾力を取り戻したのを目の当たりにして、考案したレシピです。白きくらげは、食物繊維が豊富でビタミンDもたっぷり。肌にハリとうるおいを与える効果が期待できる美肌食材です。2時間以上煮込んで柔らかくする必要がありますが、それさえクリアすれば、あとは簡単。ビタミンやカロテノイドを含み、免疫力アップ効果が期待されるクコの実や、長ネギ、鶏肉と一緒に煮込むだけで美味しくできます。私は、このスープを多めにつくって、肌断食（P108参照）のおともにも。白きくらげは多めに煮込み、余った分は小分けにして冷凍。お味噌汁などに入れるのもおすすめです。

終章

MIHO ISHII
SKIN CARE METHOD

肌と向き合う

自分の顔、ちゃんと見ていますか？

朝晩「スキンケアをしなくては！」という義務感でケアをしていると、
「今、肌の調子はどうなのか」ということに気づかずじまいに。
でも、それってもったいないこと。
肌の状態を無視してケアしても、肌は上向かないし、心が疲れてしまいます。
肌をチェック（左ページ参照）すると、ケアの課題が明らかになるだけでなく、
毛穴が小さくなった、赤みが消えたなど、嬉しい変化の発見も。
ケアを頑張ろうという前向きな気持ちへつながり、美肌スパイラルに入れます。

＼ 毎日変わる！ ／

肌のチェックポイント

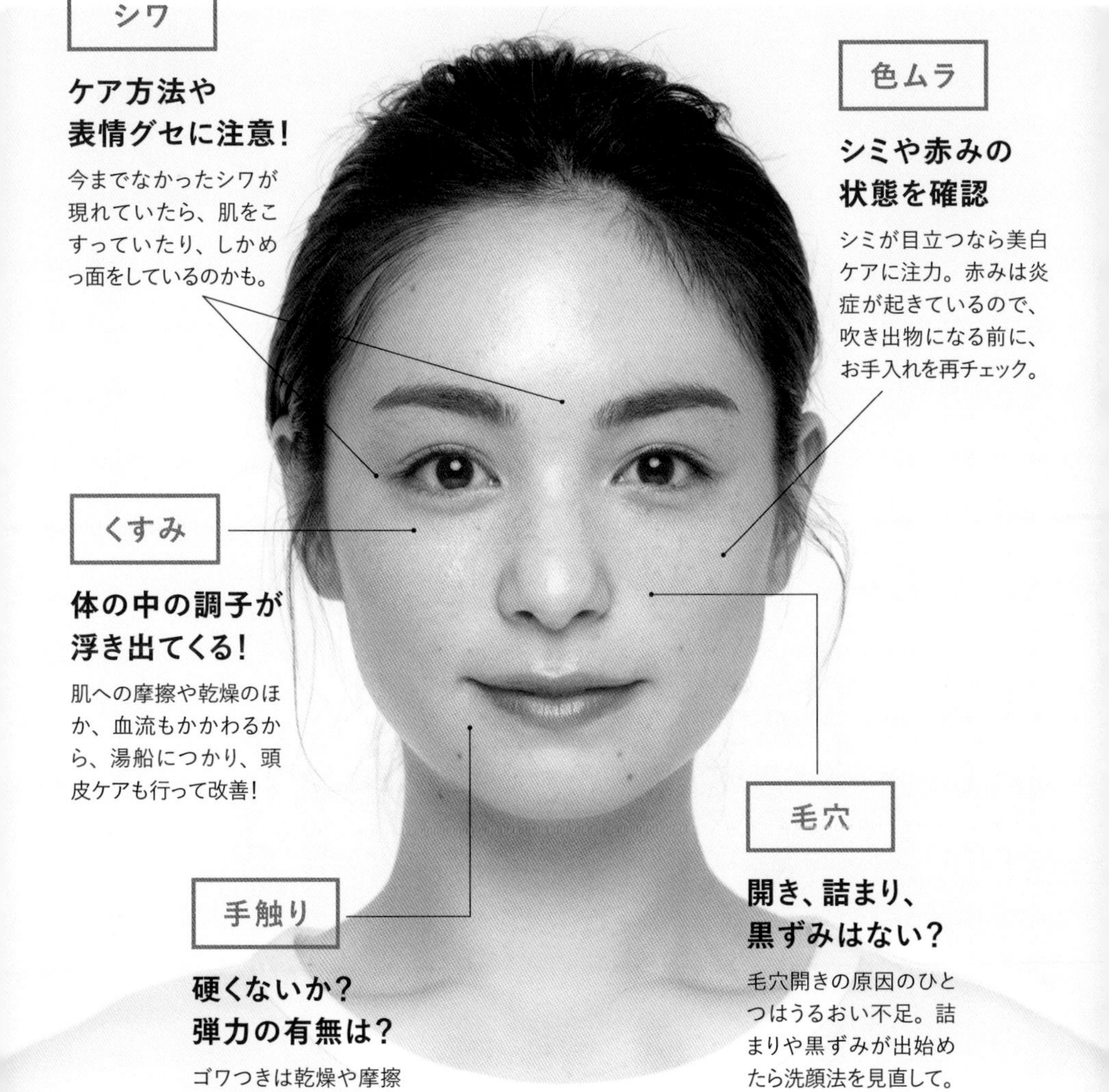

シワ

ケア方法や表情グセに注意！

今までなかったシワが現れていたら、肌をこすっていたり、しかめっ面をしているのかも。

色ムラ

シミや赤みの状態を確認

シミが目立つなら美白ケアに注力。赤みは炎症が起きているので、吹き出物になる前に、お手入れを再チェック。

くすみ

体の中の調子が浮き出てくる！

肌への摩擦や乾燥のほか、血流もかかわるから、湯船につかり、頭皮ケアも行って改善！

毛穴

開き、詰まり、黒ずみはない？

毛穴開きの原因のひとつはうるおい不足。詰まりや黒ずみが出始めたら洗顔法を見直して。

手触り

硬くないか？弾力の有無は？

ゴワつきは乾燥や摩擦が原因。弾力がないのは肌も体も疲れている証拠。丁寧に保湿を。

「美肌ノート」をつけ始めてから肌がもっとキレイになりました

私が〝美肌ノート〟と呼ぶ、肌の観察ノートをつけだしたのは、美容家としてのお仕事をいただきはじめた35歳の頃。毛穴目立ちや乾燥などを克服して、もっと肌を上向かせなければ、という思いからでした。

ノートに書くのは、肌のコンディションと生活リズムなど。

朝晩のスキンケアで使ったものは洗顔・クレンジングを含めて書き出し、必ずベースメイクで使ったアイテムも記入します。

私は1年ほどつけましたが、ずっと続けるのは大変というなら半年でもOK。

記録していくことで、肌の調子がよくなるきっかけやアイテムの組み合わせ、コンディションが乱れる原因、逆に好転するきっかけなどが見えてきます。

「石井式美肌ノート」の項目

- ☑ 朝晩のケアで使ったコスメ
- ☑ ベースメイクで使ったコスメ
- ☑ 肌のコンディション
- ☑ 運動、排便、生理周期、睡眠、入浴の状況
- ☑ 嬉しかったことメモ
- ☑ 体調や食事、旅行、サロンなどいつもと違う行動をメモ

美容家として活躍する現在の“美肌ノート”。新しいコスメを大量に試し、評価するため、自分の肌との相性や組み合わせの良し悪しなどを記録。

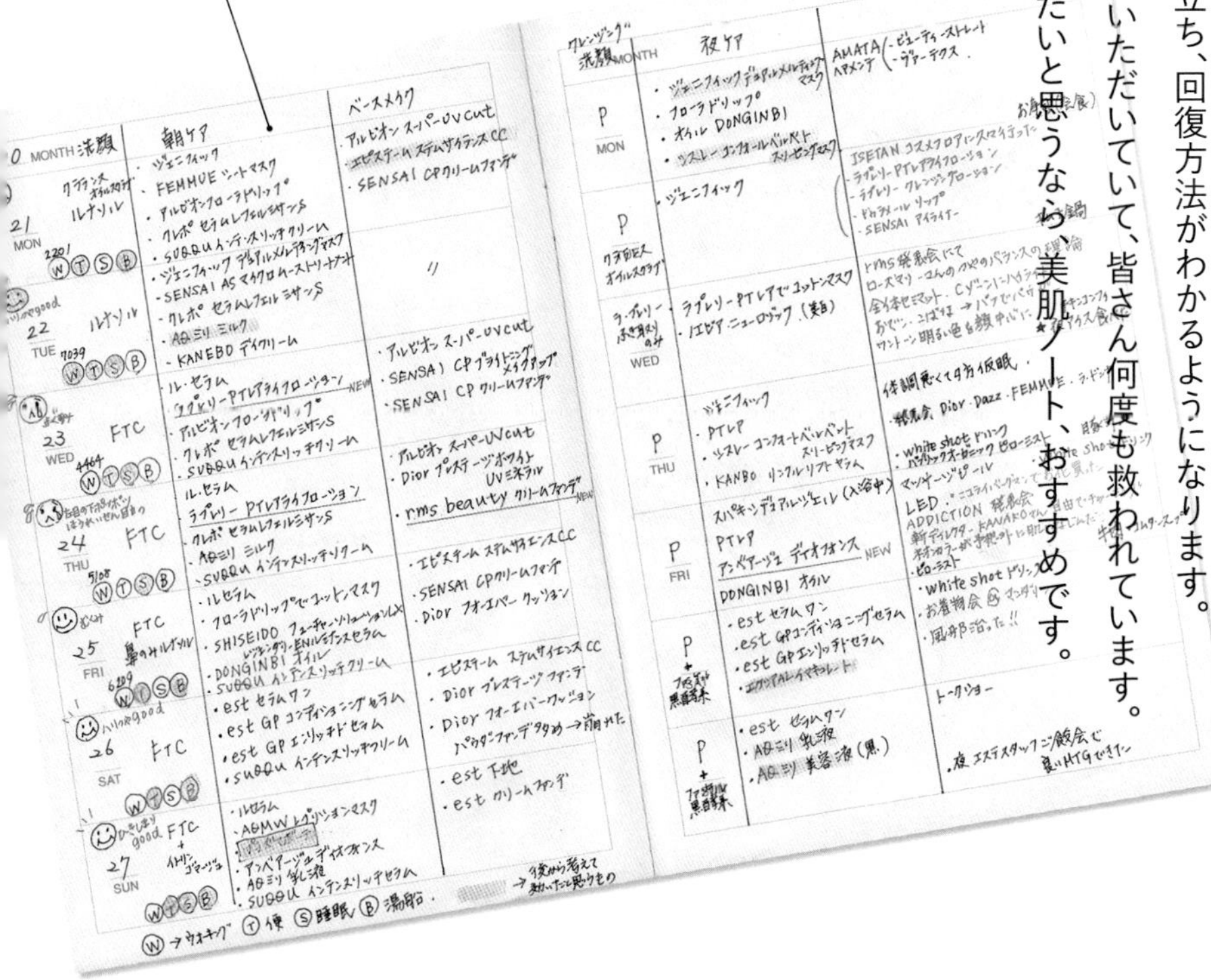

そうすると、もし肌があれたとしても、ノートを振り返れば、どれくらいで治るのかという見通しが立ち、回復方法がわかるようになります。サロンのお客様にもつけていただいていて、皆さん何度も救われています。

もし、もっとキレイになりたいと思うなら、美肌ノート、おすすめです。

＼ 自分の肌の能力とケアの課題が見えてくる！ ／

肌断食のススメ

3日間何も塗らず、家にこもってすごすのが〝肌断食〟。
肌を休めて回復に集中させ、調子を上向きにするのが目的です。
私は肌断食でかれていた皮脂が出始め、乾燥肌を克服できました。
また、油分を与えすぎるケアをあらため、いい皮脂を出すために
良質なオイルの摂取もスタート。今、必要なケアが明確になったのです。
年末年始などまとまったお休みがとれるときに、ぜひ。

石井式肌断食の6 RULES

1. メイクしない

メイクをするからクレンジングが必要で、クレンジングをするから、うるおいケアも必要。だから一旦、うるおいケアもすべてお休み。

2. 洗顔は軽めに

メイクもせず外気にも触れていないので、落とすのは皮脂や汗と、室内のほこりのみ。たっぷりの泡でやさしく洗ったらケア終了！

3. 胃腸を休める

体のエネルギーを肌の回復力を高めることに集中させたいので、食事はスープなど消化のいいものに。消化に使うエネルギーをセーブ。

4. 水はたっぷり

食事の量が減り、入浴で意識的に汗を出す肌断食中は便秘になりがち。一日1.5〜2ℓを目安にミネラルウォーターをこまめに摂取して。

5. のんびり入浴

肌断食中は約39度のお湯に20分。汗腺や皮脂腺が開きやすくなり、肌のうるおいを守る皮脂膜の質が向上。自力でうるおえる肌へ。

6. ぐっすり睡眠

蓄積した疲れをとり、肌の回復力を高めるために質のいい睡眠を。リラックスを促す香りを取り入れるなどして心地よく眠れる環境に。

「自分のまっさらな肌と
向き合うことで
もっとキレイになれるのです」

最後まで読んで頂きありがとうございます。
今から始めても遅くない、何歳からでも
お肌は育て直せる！
皆様の美肌の道が開かれますように。
miho Ishii

SHOP LIST

アクセーヌ	0120-12-0783
AMATA	03-3406-1700
アユーラ	0120-09-0030
アリエルトレーディング	0120-20-1790
アルビオン	0120-11-4225
イプサお客さま窓口	0120-52-3543
uka Tokyo head office	03-5843-0429
エール	03-6435-0113
エステプロ・ラボ	0120-91-1854
エスト	0120-16-5691
O.I.L. FARMACY	03-6427-3982
オルビス	0120-01-0010
花王(ソフィーナ)	0120-16-5691
カネボウインターナショナルDiv.	0120-51-8520
カネボウ化粧品	0120-51-8520
カバーマーク カスタマーセンター	0120-11-7133
観音温泉	0120-01-9994
クラランス	03-3470-8545
クレ・ド・ポー ボーテ お客さま窓口	0120-86-1982
Koh Gen Do（こうげんどう）	0120-70-0710
コーセー	0120-52-6311
コーセー(プレディア)	0120-76-3327
コスメデコルテ	0120-76-3325
SABON Japan	0120-38-0688
シスレージャパン	03-5771-6217
資生堂お客さま窓口	0120-81-4710
SUQQU	0120-98-8761
THREE	0120-89-8003
第一三共ヘルスケアお客様相談室	0120-33-7336
第一三共ヘルスケア トランシーノ相談室	0120-01-3416
ディセンシア	0120-71-4115
常盤薬品工業 サナお客さま相談室	0120-08-1937
NAOS JAPANビオデルマ事業部	0120-07-4464
白十字 お客様相談室	0120-01-8910
HARUNA	0120-50-7177
ピー・エス・インターナショナル	03-5484-3481
ファイバーアートステューディオ	03-3780-5237
ファンケル美容相談室	0120-35-2222
フレスコ	fresco.freshoil@gmail.com
ヘレナ ルビンスタイン	0120-46-9222
ポーラお客さま相談室	0120-11-7111
ホイヘンス・ジャパン	0120-37-9778
ホットタブ重炭酸湯お客様窓口	0120-81-6426
メディオン・リサーチ・ラボラトリーズ	0120-46-8121
ランコム	03-6911-8151
ロート製薬(オバジ)	06-6753-2422

STAFF

／

PHOTOGRAPHS

岩谷優一（vale.／石井さん、松原さん、帯）

岡部太郎（SIGNO／石井さん）

伊藤泰寛（本社写真部／静物）

HAIR & MAKE-UP

大野朋香（air／石井さん）

George（松原さん）

STYLING

JURIKA.A（帯）

MODEL

松原菜摘

ART DIRECTION

松浦周作（mashroom design）

DESIGN

堀川あゆみ（mashroom design）

青山奈津美（mashroom design）

IMAGING DIRECTION

芳田賢明（大日本印刷）

TEXT

檜﨑裕美

MANAGEMENT

長井佳梨（Beautéste）

一週間《いっしゅうかん》であなたの肌《はだ》は変《か》わります
大人《おとな》の美肌学習帳《びはだがくしゅうちょう》

2020年4月8日　第1刷発行
2022年6月1日　第12刷発行

著者　石井美保《いしいみほ》

発行者　鈴木章一
発行所　株式会社 講談社
〒112-8001
東京都文京区音羽2-12-21
電話　編集 ☎03-5395-3469
販売 ☎03-5395-3606
業務 ☎03-5395-3615
印刷所　大日本印刷株式会社
製本所　大口製本印刷株式会社

KODANSHA

ISBN 978-4-06-519390-7